골프 교본

행복골프훈련소 골프 교본

골프 교본

김헌 지음

GOLF ROAD 72

다산
라이프

들어가기

·

〈골프 교본〉이란 무엇인가?

　〈골프 교본〉은 그야말로 행복한 골프로 가는 길을 안내하는 교본입니다.
골프를 안내하는 길잡이는 무수히 많고, 이것만이 '싱글 골프로 가는 길'이
라는 주장도 허다합니다. 그렇지만 대부분의 안내는 시골에서 길을 물었을
때 시골 할머니가 알려주는 말을 들었을 때의 기분, 장님이 코끼리 더듬는
기분… 막연하고 답답합니다. 그 길을 따라 걷지만 늘 불안하고 의구심을
떨치기 어렵습니다.

　프로들은 그 길을 이미 다 걸었고, 많이 다닌 익숙한 길이기에 쉽게 이야
기합니다. 산을 이미 오른 자는 오르려 하는 사람, 낑낑거리며 오르고 있는
사람의 고뇌(?)를 잘 헤아리지 못합니다. 처음 가는 산행에서 지도나 나침반
이 없다면? 게다가 자신이 걸어온 길만이 유일한 길이라고 안내하는 사람의
말을 신뢰하기 어렵다면 어떻겠습니까?

　이 책은 행복골프로 이르는 길을 안내하는 지도이고, 골프라는 집을 짓기
위한 설계도입니다. 처음 골프를 시작해서 싱글에 이르기까지 72개의 관문
을 설정해 놓았습니다. 30년이라는 긴 세월 겪어 온 골프 희로애락의 경험
이 녹아들어 있고, 만 10년을 이어왔던 '마음골프학교'의 교육적 시행착오
를 통해 배운 교훈들이 배치되어 있습니다. 게다가 최근 5년간 '행복골프훈
련소'에서의 도전 성과도 반영했습니다. 제가 가르쳤던 수천 명의 성취와 환

희, 실패와 좌절을 떠올리며 길을 그렸고, 현재까지의 기술적인 진보와 골프 산업환경의 변화를 담았습니다.

〈골프 교본〉이 교재이고 교본이라면 이제까지의 책들은 무엇일까요?

사실 저도 골프책을 여러 권 낸 사람으로서 할 말이 없습니다. 저도 세상에 없던 골프 교재를 만든다는 일념으로 늘 책을 썼었거든요. 그런데 역사와 전통을 자랑하는 어떤 분야의 교재를 떠올려보세요. 설명이 따로 있습니까? 그저 문제의 배열일 뿐이에요. 교재의 본질은 문제의 효과적이고 합리적인 배열일 뿐이고, 그것을 많은 사람이 믿고 따르는 거죠. 말이 많고 설명이 많은 것들은 다 참고서더라는 겁니다. 문제의 배열 속에 저자의 사상과 철학, 방법론이 녹아들어 있는 거죠. 이제까지 골프에는 참고서만이 난무할 뿐 교본이라 할 만한 것이 없었습니다.

•

〈골프 교본〉은 배우고자 하는 사람만을 위한 것이 아닙니다

〈골프 교본〉은 독학 골프를 응원하는 설계도로 만든 것이기는 하지만, 가르치는 자와 배우는 자, 선배와 후배, 앞선 자와 뒤따르는 자가 함께 공유하는 교본입니다. 피아노 교육을 한번 생각해보세요. 바이엘 18번까지 쳤다고 이야기하면 그다음부터 가르칩니다. 체르니 20번까지 쳤다고 하면, 한번 쳐보라 하고 부족하면 몇 단계 전으로 가서 가르치기 시작하고, 괜찮으면 21번부터 시작하면 됩니다. 선생과 학생이 나름의 내비게이션을 공유하고 있는 셈이죠! 선생도 다양하고 가르치는 방법도 다양한데 교본은 하나입니다.

골프 선생님들은 교재도 지침도 없이 늘 최상급의 기술을 가르치려 애쓰고, 학생들은 아무 생각 없이 완전한 샷을 배우려 덤빕니다. 프로 비슷한 스윙을 만드는 일만이 골프를 잘 치는 유일한 방법이라 믿어 의심치 않는 거죠. 일종의 늪입니다. 만약 어떤 이가 슬라이스 때문에 고민이라고 찾아왔다고 칩시다. 그런데 그 사람이 90을 깨는 계단을 오르고 있는 사람인지, 100 타를 깨는 것이 힘겨워서 온 사람인지에 따라 가르치는 내용은 사뭇 다를 것입니다. 100타를 깨는 것이 목표인 사람이라면 슬라이스의 교정보다 숏 게임이나 퍼팅이 더 절실할 수도 있습니다. 장기적인 과제를 함께 수행하면서도 당장 통과해야 하는 관문을 빨리 지날 수 있도록 돕는 선생이 좋은 선생입니다.

저는 어렸을 때 바이올린을 했습니다. 바이올린은 스즈끼라는 일본사람이 쓴 교재를 기본으로 합니다. 바이올린 교재도 같은 방식으로 만들어져 있습니다. 쉬운 곡에서 점차 어려운 곡으로, 단순한 기술에서 어려운 기술로 순차적으로 배치되어 있습니다. 하나의 곡을 정복하고 다음 곡으로 나아갑니다. 어떤 곡은 쉬 정복이 되지만 어떤 곡은 좀처럼 통과하기 어렵습니다. 수없이 반복하면서 그 곡에 숨어 있는 꽤 어려운 기술을 습득합니다. 커다란 성취감이 따릅니다.

•

〈골프 교본〉은 축적된 양의 차이를 중시합니다

제가 수천 명을 가르쳐보니, 사람들은 양의 중요성, 절대 연습량, 절대 시간의 필요성을 쉬 잊습니다. 나와 남을 비교할 때도 드러난 성적 만을 가지고 비교합니다. 숨어 있는 양의 축적이라는 것을 잘 보지 못하고 애써 무시하려 듭니다. 저의 경험과 제자들의 학습 과정을 종합해 보고 내린 결론은 실력의 차이는 '재능의 차이보다 축적된 양의 차이'가 더 본질적이고 컸습니다. 재능과 환경이 주는 차이는 커야 20% 정도에 불과합니다. 그것도 단기간으로 봤을 때 드러나는 차이입니다. 10년 20년 단위로 보면 그 차이는 불과 몇%로 줄어듭니다. 초보에서 상급자에 이르기까지 특정 시기에 수없는 반복을 통해 성취해야 할 과제가 있고, 거쳐야 할 관문이 분명히 있더라는 겁니다.

·

골프 교본은 그 자체로 골퍼들에게 큰 위로가 됩니다

〈골프 교본〉은 그 자체로 골프에 숙달하기 위해서 얼마만 한 노력을 들여야 하고, 얼마나 시간을 할애해야 하는지를 끊임없이 보여주고 이야기해 줍니다. 그리하여 골프를 하면서 헛된 기대를 하지 않도록 돕습니다. 갑자기 이룬 우연한 성과가 진정 나의 것이 아님을 알게 합니다. 또 나와 남을 비교하는 정확한 준거의 틀을 제공합니다. 스코어라는 것은 참 허망한 겁니다. 어쩌다 잘 칠 수도 있고 어쩌다 폭망할 수도 있습니다. 스코어를 지표로 삼고 골프의 길을 걷노라면 감정의 기복과 동요를 감당하기 어렵습니다. 〈골프 교본〉이라는 교본은 끊임없이 양의 축적을 제안하고 그 속에서 질적인 성장을 추구하기에 한 사람 한 사람의 골프에 큰 위로가 됩니다.

〈골프 교본〉에 들어선 우리는 모두 스코어의 향상도 함께 기뻐하지만, 관문을 통과한 것을 더욱 기뻐하고, 자랑하고, 관문 통과를 목표로 놓고 골프 라이프를 영위합니다. 골프의 내비게이션이자 골프 라이프의 설계도인 〈골프 교본〉은 최대한 효과적으로, 최대한 지혜롭게 골프를 즐기자는 제안입니다. 행복 골프로 가는 길에 걷는 재미를 더하려고 여러 가지 장치를 만들어 놓았고 앞으로도 계속 업그레이드할 생각입니다.

·

〈골프 교본〉의 중간중간에
'행복골프훈련소 튜터 과정'을 둔 이유

골프 교본의 사이사이에 행복골프훈련소 튜터 과정을 설정해 놓았습니다. 누군가를 가르친다는 것을 보다 심도 있게 고민하고 공부하도록 하는 것은 실습의 과정입니다. 실습할 기회가 없어요. 대상이 있고 기회가 있어야 교안도 만들어 보고, 강의도 하고 피드백도 받을 텐데 그럴 기회가 참 어렵더라는 거죠. 그래서 그들과 〈골프 교본〉에 들어선 낮은 단계의 도전자들을 묶어주고, 우선은 도우미 활동을 하게 하고, 점차 세미 튜터에서 튜터로, 튜터에서 마스터 튜터로 성장하도록 돕겠다는 제 나름의 배치입니다.

•

저의 골프는 마음골프학교를 하면서 더 성장했습니다

가르침이 배움을 완성합니다. 누군가를 가르쳐야 한다는 것은 큰 부담임은 틀림없지만, 그 부담이 바로 내 골프를 성장시키는 커다란 동력이 됩니다. 그런 배치가 골프라는 산의 마지막 깔딱 고개를 넘는 데 커다란 역할을 하리라 확신합니다. 제가 그랬거든요. 저는 학교가 아니면 70대 초반의 스코어에 도전하지 않았을 거예요.

•

<골프 교본>에 놓여 있는 생활체육 2급 지도자 자격

제가 제자들의 골프 성장을 보니까 90타 보기 플레이까지는 어떻게든 가는 것 같아요. 시간과 노력의 차이이지 그럭저럭 90타 언저리는 다들 구경하죠. 그런데 80대의 진입, 80대 초반까지를 경험하고 그 경지에 안착하는 사람은 그리 많지 않아요. 게다가 저는 웬만하면 그저 보기 플레이에 만족하면서 살도록 다독이기까지 해왔습니다. 90을 넘어서는 경계는 그전에 해오던 노력과는 질과 양이 달라져야 하는 변곡의 지점입니다. 매일 한 시간씩 연습했다면 2시간이 되어야 하는 경지이고, 한 달에 두 번 라운드를 했다면 서너 번을 해야 하는 경지입니다. 그런데 많은 사람이 그렇게 하기 어려운 상황이기에 행복해야 할 골프가 불행해지는 거죠. 기대와 노력의 괴리가 불행의 시작입니다. 제자들에게 보기 플레이를 넘어서는 도전을 말리는 이상한 선생인 저는, 골프가 재미있는 게임임에는 틀림이 없지만 그걸 성취하기 위해 삶에 있어 더 가치 있는 것들을 희생하지 말았으면 하는 바람을 품고 있었던 거죠. 골퍼들 한 사람 한 사람의 입장에서 보면 누군가에게 지고, 골프가 뜻대로 안 돼서 짜증이 확 났을 때는 '골프에 더 많은 투자를 해야지' 굳은 결심을 하지만, 현실의 생활로 돌아와 며칠 지나다 보면 현실의 무게가 '그저 취미 생활인데 뭐, 그냥 이대로 살자'는 쪽으로 자신을 주저앉히고 맙니다. 현저한 일상에서의 난관과 심리적인 장벽이 존재하는 겁니다. 물론 성취욕이나 경쟁심이 강한 사람은 그 심리적인 장벽을 훌쩍 뛰어넘겠지만요.

저는 행복 골프 훈련소를 차리고 뚜렷한 사회문화적 변화를 감지하고 있습니다. 이제 비로소 사람들이 60세 패러다임을 넘어서고 있다는 겁니다. 사실 저는 오래전부터 60세 패러다임을 버려야 한다는 주장을 해왔습니다. 아이들이 20세에 꼭 대학을 가야 한다는 것도, 어느 정도 나이를 먹으면 결혼해야 한다는 것도, 우리 세대가 가지고 있는 60세 패러다임의 결과라 생각합니다. '은퇴하면 나머지 20년을 뭐 하고 살지?'라는 걸 구체적으로 고민하는 사람들이 많아졌다는 것이 60세 패러다임을 넘고 있다는 징표입니다. 은퇴를 앞둔 사람들에게는 그 20년이 공포로 다가오고 있더라는 겁니다. 재수 없으면 30년 40년도 될 수 있습니다. 40대 중반만 넘어도 그것은 절박한 고민거리가 되고 있습니다. 물론 많이 벌어 놓은 사람은 쓰면서 놀면서 살면 되지 싶지만, 20년을 놀면서 보낼 만큼 많이 벌어 놓은 사람도 흔치 않고, 설혹 벌어 놓은 것이 있어도 무작정 놀기만 하는 것이 부러워 보이지도 않으니 문제입니다.

·

골프 좋아하는 사람들이 자신을
골프에 더 빠지게 만드는 하나의 장치

그래서 〈골프 교본〉 위에 '생체 2급 지도자' 자격의 획득을 하나의 과정으로 공식화'하는 것이 옳겠다고 생각하게 되었습니다. 생체 2급을 골프를 좋아한다면 당연히 도전해야 하는, 꼭 성취해야 하는 하나의 관문으로 삼자는 제안입니다. 도전자들을 돕고 응원하는 기능을 더 강화할 생각입니다. 저도 이제 제자들에게 80대로 가자 싱글로 가자고 적극적으로 권할 생각입니다. 이유가 생겼으니까요.

생체 2급을 중간에 배치하고 보니 또 다른 효용이 있습니다. 골프를 하면서 언제 룰북을 들여다보고 누군가를 가르친다는 것을 전제로 공부해 보겠어요? 생체역학이나 운동 역학, 운동 심리학을 공부할 기회는요? 생체 2급에 도전했던 많은 분을 보면서 느낀 바는 사람들이 공부도 열심히 하고, 참 진지하게 골프를 대한다는 것이었어요. 즐거운 골프, 명랑 골프도 좋지만, 어느 지점에서는 좀 진중했으면 하는 바람을 저는 가지고 있거든요. 생체 2급에의 도전이 골프를 알차게 만드는 순기능을 하리라 확신합니다.

•

막연한 꿈은 힘이 없습니다

생체 2급을 딴다는 것이 그저 장식품 같은 자격증을 하나 따 놓는, 보험을 들어 놓는 것 같은 막연한 꿈이어서는 자신에게 지금보다 더한 골프에의 몰입을 설명하기도 어렵고 또 주위에 있는 사람들, 가족들을 설득할 수도 없습니다. 꿈은 구체적인 과정 설계가 뒷받침될 때 비로소 현실의 에너지가 됩니다. 생체 2급을 따서 코치로서의 경험도 쌓고, 하다가 저렴한 비용으로 행복골프훈련소를 차릴 수 있다면, 혼자서 어렵다면 마음 맞는 친구와 함께….

•

수익도 있고 놀 장소도 있으니,
젊은 친구들과 골프와 더불어 넉넉히 20년은 놀 수 있겠다

나이 들면 골프 친구가 사라집니다. 큰돈이 아니어도 벌이나 일이 없으면 순식간에 폭삭 늙습니다. 제 주변의 친구들을 보니 그렇습니다. 건강이 허락

하는 한 젊은이들에게 골프의 경륜뿐 아니라 인생의 지혜를 나눌 수 있으면
서, 언제까지나 할 수 있는 일! 골프를 사랑하는 사람에게 이보다 더 좋은 비
전이 있을까요? 이보다 더 멋진 인생 이모작이 있을까요?

　수학의 정석이나 성문 종합 영어, 바이엘과 체르니가 하루아침에 만들어
졌겠습니까? 행복골프훈련소는 이미 40개 점을 오픈했고, 2022년 말까지
60호점 오픈을 바라보고 있습니다. 행복골프훈련소의 성장과 더불어, 함께
쓰고 함께 공유하면서 수정 보완해가다 보면, 〈골프 교본〉이 하나의 현상으
로, 골프의 보편적 교본으로 발전해 갈 것입니다.

　저는 〈골프 교본〉에 들어선 우리 모두 도반이라고 생각합니다.

　이 길을 함께 걸으면서 이제까지의 골프 세상에서는 듣지도 보지도 못했
던 '행복한 골프 생태계'를 만들어 봅시다. 생각만 해도 가슴이 벅찹니다.

2022년 10월
증보판을 내면서
행복골프훈련소에서 김헌

환영사

반갑습니다.

〈골프 교본〉에 잘 오셨습니다.

골프를 배우고 익히는 길은 다양합니다.

그러나 행복골프훈련소는 골프의 첫 시작부터 마지막 순간까지

"행복한 골프란 무엇인가"를 물으며 당신과 동행하고자 합니다.

골프는 절대로 한술에 배부르지 않습니다. 함께 가야 할 먼 여행길입니다.

절대 서둘러도 안 되고, 조급해서도 안 됩니다.

지금 내가 어디쯤 있고 어디로 향하고 있는지 좌표를 잊어버리면

불행한 골프가 됩니다.

〈골프 교본〉은 72개의 관문을 거칩니다

버스나 기차로 쉽고 재미있게 지나칠 수 있는 정류장도 있고

땀을 뻘뻘 흘리면서 걸어야 하는 구간도 있습니다.

하나하나의 정류장을 지나칠 때마다 지극한 성취감을 맛볼 수 있지만

이를 듯 이를 듯 아득해서 그만 멈추고 싶은 지점도 있습니다.

산을 오를 때 정상만을 바라보면서 오를 수는 없습니다.

'언제 저기까지 가나?' 싶으면 지레 지쳐서 발걸음이 무거워집니다.

매 순간을 즐기고, 지나온 경치를 즐기며 스스로 대견해 하는 마음이 없다면

결코 문득 다가온 정상의 환희를 경험하기 어려울 겁니다.

골프는 당신이 생각하는 것보다 훨씬 먼 길이고 큰 산입니다.
그래서 〈골프 교본〉은 스코어만이 아니라 과정에 기꺼이 몰입할 수 있도록,
과정의 성취 하나하나가 큰 기쁨이 되도록 돕고자 합니다.

혼자 가면 빨리 갈 수 있지만 멀리 가기 어렵습니다.
함께 가면 느릴지라도 멀리 갈 수 있습니다

행복골프훈련소는
더딜지라도 '멀리 함께 가는 길'로 당신을 안내하고자 합니다.
골프와 더불어 행복하세요.

행복골프훈련소, 행복골프학교
교장 김헌

〈골프 교본〉
활용법

1.
자신이 어느 지점까지 왔는지를 알아보세요.

〈골프 교본〉을 펼쳐놓고, 선배든 코치든 길을 안내해 줄 분과 함께 자신이 이룩한 성과들을 하나씩 꼼꼼하게 확인해 보세요. 이미 달성한 것도 있고, 아직 이루지 못한 관문들도 있겠지요.

2.
현재의 평균 스코어를 기준으로
당신이 서 있는 지점을 찾으면 됩니다.

그렇지만 그 관문을 지나 다음 관문으로 향하는 것은 잠시 멈추세요. 당신은 지나온 길에서 통과하지 못한 과제들이 있다면 그것들을 모두 다 꼼꼼히 성취해야 합니다. 지금은 가승인 단계라 보시면 됩니다.

널뛰는 스코어, 흔들리는 멘탈….

"당신 골프의 모든 불안정성은 웃자란 골프이기에 그렇습니다."

급히 쌓아 올린 탑이 쉬 흔들리고 무너지는 이치와 같습니다. 미처 다하지 못한 숙제와도 같았던 과제들을 성취하는 동안 당신의 골프는 더 단단해지고 성장을 위한 동력을 축적했을 것입니다. 그리고 다음 진도를 나가시면 됩니다.

3.
하나하나의 관문은 대략 한 달 치 과제들입니다.

그리고 그 속에 있는 작은 항목들은 한 주의 과제들이라 보면 됩니다. 조금 빨리 지나칠 수도 있고 더 시간이 걸릴 수도 있습니다. 그렇게 보면 72개의 관문이란 6년 치의 과제인 셈입니다. 빨리 가면 5년에 갈 수 있습니다. 행복골프훈련소의 교본은 3년에 보기 플레이, 5년에 싱글로 가자는 제안입니다.

<골프 교본>
조견표

	골프력	스크린 스코어	필드 골프 스코어	라이선스	GQ quiz 점수	튜터 교육 이수	월례회 (강좌) 참석
1년차	전과목 75점	81타	99타	S-TUTOR 준회원	70	하루 8시간	
2년차	80점	75타	95타	S-TUTOR 경력 쌓기	75	튜터링 경력 100시간	4번 이상
3년차	85점	72타	89타	TUTOR 정회원	80	제주 1박 2일	6번 이상
4년차	90점	69타	84타	TUTOR 경력 쌓기	85	튜터링 경력 200시간	8번 이상
5년차	90점	66타	79타	M-TUTOR 생체2급 자격획득	90	제주 3박 4일	10번 이상
6년차	90점	65타	75타	M-TUTOR 경력 쌓기	90		

빈 스윙	라운드 수 / 누적	파3 스코어 9홀	야간 9홀 스코어	스크린 게임 총량	드라이빙 레인지	비거리
5만번	15번	45타	48타	연100회	월1회	남180m 여130m
10만번	20번 /35번	40타	45타	연150회	월2회	남190m 여140m
15만번	30번 /65번	36타	43타	연250회	월4회	남200m 여150m
20만번	40번 /105번	33타	41타	연200회	월8회	남210m 여160m
25만번	50번 /155번	30타	39타	연200회	월8회	남220m 여170m
30만번	45번 /200번			연100회	월8회	
누계 30만번	누계 200번			누계 1000회		

파3*3=정규 라운드
야간9홀*2=정규 라운드

:골프 첫걸음

빈 스윙 매주 1천 번 / 월 5천 번 / 연 5만 번

첫째 주: 행복골프훈련소 등록하기

☐ 회원가입하고 행복골프 회원 앱을 깐다.
☐ 튜터에게서 빈 스윙을 배우고 하루 200번 한 주에 1천 번을 목표로 연습을 시작한다.
☐ 장갑과 집에서 연습할 도구(스윙 몬스터 혹은 스틱)를 구매한다.
☐ '행복골프훈련소 사용법' 강의를 듣는다.
☐ '스윙 만들기' 강의를 듣는다.
☐ <골프 천재가 된 홍대리>와 <5년 골프 일기> 그리고 <골프 교본> 책을 구매한다.

둘째 주: <골프 천재가 된 홍대리>를 읽고, <5년 골프 일기>에 기록을 시작한다

☐ <5년 골프 일기>에 골프의 첫 시작을 기록하고 골프를 향한 다짐을 적는다.
☐ 유튜브 '행복골프TV' 김헌 쌤의 빈 스윙 라이브를 구독한다. (youtube.com/c/행복골프/featured)
☐ '라이브 방송'을 매일 보면서 따라 한다. 가능하면 본방사수! 안 되면 재방! 따라 할 수 없으면
   보기만 해도 좋다.
☐ <골프 천재가 된 홍대리> 책 속에 있는 영상들을 틈틈이 본다.

셋째 주: 퍼팅하는 법을 배우고 골프력 퍼팅 게임을 시작한다

☐ 행복골프 튜터에게 퍼팅하는 법과 퍼팅력 게임을 배운다.
☐ 퍼팅력 게임 50점을 돌파하자.
☐ 유튜브 '행복골프 퍼팅 입문'을 여러 번 본다. 이해가 잘 안 되는 부분이 있어도 그냥 본다.
   시간이 지나면 자연히 알게 된다.

넷째 주: 숏 게임을 배우고 골프력 숏 게임력 게임을 시작한다

☐ 행복골프 튜터에게 숏 게임하는 법과 숏 게임력 게임을 배운다.
☐ 숏 게임력 게임 50점을 돌파하자.
☐ 유튜브 '행복골프 숏 게임 입문'을 여러 번 본다.
☐ '빈 스윙할 때의 지침'을 읽고 외운다.
☐ '게임을 통한 학습' 강의를 듣는다.
☐ 연습 도구 활용법에 대한 강의를 듣고, 다양하게 연습도구를 활용하면서 각 느낌을 경험한다.

▶ 행복골프 콘텐츠 QR 링크

| 행복골프훈련소 사용법 | 스윙 만들기 | 퍼팅 입문 | 숏 게임 입문 | 연습 도구 활용법 | 게임을 통한 학습 |

°첫걸음

뭔가를 시작한다는 일은 두려움입니다. 망설임일 수도 있죠.
일단 저지르고 보면 별것도 아닌데, 그 단순한 한 걸음을 떼는 일이,
이런저런 이유로 천근만근 쉽지 않습니다.

골프, 많은 오해와 편견으로 그동안 시작을 망설이셨죠?
다 낭설입니다. 그 어떤 운동보다 저렴하게, 쉽게 시작할 수 있는 것이 골프입니다.
먼저 장갑을 사고, 집에서 휘두를 수 있는 도구만 마련하면 골프는 시작된 겁니다.
거대한 성도 하나의 돌 쌓기, 지극히 단순한 하나의 행위로부터 시작되지 않던가요.
작더라도 몸을 움직이는 실천이 중요합니다.
내가 할 수 있을까? 형편이 되나? 시간이 될까? 복잡하게 생각하지 마세요.
형편에 맞는 골프, 능력에 따른 골프,
낼 수 있을 만큼만 시간을 내는 골프, 얼마든지 가능합니다.
어떤 정형화된 길이 정해져 있지 않습니다.
많은 사람이 걸었던 길이 있지만 그건 단지 참고사항일 뿐입니다.
당신의 상황과 조건에 맞게 얼마든지
당신만의 방식으로 골프의 길을 걸을 수 있습니다.

당신의 첫걸음을 축하합니다.

그리고 이날을 기록해 놓으세요.
세월이 흘러 돌아보면 골프는 당신의 일상을 바꿔놓은
하나의 커다란 사건으로 기억될 겁니다.

• 빈 스윙 할 때의 지침

1. **잘 털고 있는가?** 소리는 '바르게 스윙을 하고 있는가'를 느끼는 시금석입니다.
2. **궤도는 올바른가?** 궤도 연습기에서 수시로 확인해야 합니다. 눈 감고 궤도를 느끼며 빈스윙.
3. **로테이션은 잘되고 있는가?** 스윙 몬스터나 로테이션마스터로 수시로 연습하면서 손이
   뒤집히는 것을 자꾸 느껴보세요.
4. **온몸으로 털고 나?** 팔로만 털고 있진 않나? 꼬임과 풀림은? 체중 이동은 잘되고 있나?
   무릎 꿇고 빈스윙. 오른쪽 무릎 고정하고 꼬임 풀림 체감.
5. **셋업 상태는 좋은가?** 거울을 보면서 머리 각도, 어깨 각도, 척추 각도를 가끔 확인하세요.
6. **그립 상태는 좋은가?** 스윙과 더불어 그립도 변화 발전합니다. 수시로 점검.
7. **리듬은 좋은가?** 그네 리듬, 어떤 힘으로 어디서 굴러주고 있나? 에델바이스.
8. **소리 조절 능력은 좋은가?** 1, 3, 5, 7, 9 조절하기.

:스크린골프 게임 도전

빈 스윙 매주 1천 번 / 월 5천 번 / 연 5만 번

첫째 주: 빈 스윙 5천 번 이상 완료한 사람만 '공과의 만남' - 아이언 샷에 도전한다

☐ <골프 교본>에 대한 강의를 듣고 골프 라이프 전체에 대한 나름의 설계를 한다.

☐ 행복골프 튜터에게 아이언 샷 '공과의 만남'과 '그립 잡는 법'을 배운다.

☐ 7번 아이언 기준으로 남자 100m, 여자 70m를 목표로 한다.

☐ 골프력 게임은 7번 아이언 50점 돌파를 목표로 한다.

☐ 유튜브 '그립 특강'과 '공과의 만남 특강'을 여러 번 시청한다.

둘째 주: 드라이버 샷, 우드 & 유틸리티에 도전한다

☐ 행복골프 튜터에게 클럽 종류별 셋업 포지션에 대한 설명을 듣는다.

☐ 드라이버와 우드 유틸리티 치는 법, '공과의 만남'을 배운다.

☐ 남자 150m, 여자 100m를 목표로 연습한다.

☐ 골프력 게임 - 드라이버 50점을 돌파한다.

셋째 주: 스크린 6홀(온 그린 컨시드 모드) 도전

☐ 행복골프 튜터의 안내를 받으며 스크린골프 6홀 라운드에 도전한다.

☐ 골프 특강 '퍼팅할 때의 지침'을 여러 번 읽고 퍼팅 하면서 상기한다.

넷째 주: 스크린 18홀(온 그린 컨시드 모드) 도전

☐ 행복골프 튜터의 안내받으며 스크린골프 18홀 라운드에 도전한다.

☐ '숏 게임 할 때의 지침'을 여러 번 읽고 연습할 때 지침으로 삼는다.

☐ 빈 스윙 1만 번 완료한다.

▶ 행복골프 콘텐츠 QR 링크

| <골프 교본> 활용법 | 공과의 만남, 마음의 오작동 | 그립 특강 | 클럽별 세팅 스윙은 하나다 |

° 게임을 통한 학습

행복골프훈련소의 골프력 게임들은
그 속에 몸이 운동을 정확하게 기억하고,
오래도록 기억하게 하는 학습의 장치들이 숨어 있습니다.
과학적으로 증명된 운동 학습 이론이 투영된 거죠.
단순 명쾌하고 직관적인 게임들이기에 배우는 사람들을
집중하고 몰입하게 만듭니다.
처음 시작하면 대개 20점대부터 시작합니다.
하지만 실망하지 마세요.
보통 열 번 정도 시도하면 50점은 쉬이 얻을 수 있는 수준입니다.
열 번에 안 되면 스무 번, 그래도 안 되면 서른 번.
머나먼 골프의 길을 생각해 보면
그 정도 횟수의 차이는 아무것도 아닙니다.
묵묵히 도전하세요.

모든 학습은 게임이 되어야 한다는 것이 행복골프훈련소의 생각입니다.
'게임을 즐기다 보니 어느새 실력이 훌쩍 늘었더라'라는 것이
운동을 배우고 가르치는데 가장 효과적인 방법입니다.

• 퍼팅할 때의 지침

1. 셋업과 볼 포지션은 좋은가?
2. 클럽이 바닥에 잘 붙어 다니나? 동전 치기
   리듬은 좋은가? 그네 리듬, 진자 운동, 에델바이스
3. 클럽 길이 정도의 공을 맞추는 능력은 향상되고 있는가? 쇠자 연습, 목표 보고 공치기.
4. 그린 상황을 읽는 능력은 향상되고 있는가? 거리와 경사.
5. 큰 근육으로 하고 있는가? 하체 고정, 손목 절제, 광배근으로 퍼팅.

• 숏 게임을 연습할 때의 지침

1. 큰 근육을 쓰고 있나? 숏 게임도 온몸으로 하는 것이다.
2. 축은 잘 고정하고 있나? 롱 게임은 두 축 운동, 숏 게임은 한 축 운동.
3. 클럽 페이스의 운동은 올바른가? 롱 게임은 로테이션 있음. 숏 게임은 로테이션 없음.
4. 궤도는 올바른가? 단지 작을 뿐 백 스윙 궤적은 롱 게임과 같다.
5. 헤드의 무게를 느끼나? 중력으로 떨어뜨린다.
6. 리듬은 좋은가? 그네 리듬, 에델바이스.
7. 클럽별 거리 조절에 따른 나름의 법칙이 있나?
8. 상황은 잘 읽고 있나? 공이 놓인 상태, 경사, 공이 떨어지고 구를 상황.

:골프력 게임 60점 돌파

빈 스윙 매주 1천 번 / 월 5천 번 / 연 5만 번

첫째 주: 퍼팅력 게임, 숏 게임력 게임 60점 돌파

□ '샷 할 때의 지침'을 여러 번 읽고 실천의 지침으로 삼는다.

□ '골프 게임에 임할 때의 지침'을 여러 번 읽고 게임에 임해 매 샷 지침을 상기한다.

둘째 주: 드라이버력 게임&7번 아이언력 게임 60점 도전

□ '스크린골프와 필드 골프의 상관관계' 특강 여러 번 시청한다.

□ '롱 게임 숏 게임 퍼팅 게임의 특성과 학습 순서, 비중'에 대해 배운다.

셋째 주: 스크린골프 18홀 108타 도전

□ 1.5m 컨시드로 설정하고 게임을 진행한다.

□ '비거리에 대하여'에 대한 강의를 듣고 비거리에 대한 자신의 원칙을 정립한다.

넷째 주: 스크린 18홀 100타 도전

□ 빈 스윙 1만 5천 번 완료

□ '골프라는 게임의 구성' 특강을 여러 번 시청한다.

□ '골프 클럽에 대하여' 특강을 여러 번 시청하고 클럽 마련의 방침을 세운다.

▶ 행복골프 콘텐츠 QR 링크

스크린골프와
필드골프의
상관관계

골프라는
게임의 구성

골프 클럽에
대하여

비거리에
대하여

°첫 스코어

개별 게임에서 모두 60점을 넘겼다면 이제 스크린골프 완주에 도전해 보세요.
거의 대부분 홀이 양파가 될 겁니다. 그래도 상관없습니다.
완주했다는 것에 의미를 두면 됩니다. 사진으로 스코어를 찍어 놓으세요.
당신 골프 인생의 첫 완주 라운드이고 그 사실 자체가
의미 있는 사건입니다.
그리고 바로 그곳이 당신의 출발점입니다.
인증샷을 남기고 오늘의 느낌을 글로 적어서 꼭 남겨놓으세요.
20년 혹은 30년 후에 사진이나 글을 다시 본다고 생각해 보세요.

'나의 골프는 이렇게 시작되었다' 정말 기념할 만한 순간이 아닐까요?
이제부터는 이보다 더 못한 스코어를 기록할 일은 별로 없을 겁니다.
하면 할수록 당신의 스코어는 놀라운 성장과 진보를 거듭할 것입니다.
정말 축하드립니다.

• 샷을 할 때의 지침 (공과의 만남)

1. 루틴을 잘 지키고 있는가? 수행하는 마음으로 도 닦는 마음으로.
2. 매 샷 목표와 범위는 명확한가? 굿 샷이 아니라 유효 샷을 연습하라! 게임으로 즐겨라!
3. 리듬은 좋은가? 그네 리듬, 어느 지점에서 어떤 힘으로 그네를 구르고 있나? 에델바이스
4. 미스 샷을 잘 해석하고 있는가? 삼독(탐진치), 오동작은 마음의 오작동에서 온다.
5. 연습이 아니라 연구를 하고 있지는 않나? 똑바로 가는 공이 좋은 것이 아니라 일관성 있게
   날아가는 것이 좋은 것이다.
6. 빈 스윙처럼 하고 있나? 빈 스윙이 선생이다.
7. 여러 클럽으로 골고루 연습하고 있나? 편식 금물
8. 연습의 순서를 잘 지키고 있나? 퍼팅 > 숏 게임 > 롱 게임

• 골프 게임에 임할 때의 지침

1. 무기의 불완전성을 전략으로 감당하자. 최대한 안전한 선택을 하자.
2. 미스 샷을 잘 해석하자. 동작의 오류 뒤에 있는 마음의 오작동을 보라. 교만이 최대의 적이다.
3. 굿 샷, 노 굿 샷 게임에 빠지지 말자. 스코어든 돈이든 연습이든 게임의 승리든 게임의 목적에
   충실하자. 스윙 메커니즘을 잊자.
4. 내 노력으로 바꿀 수 있는 일에 집중하자.
5. 평상심을 유지하자. 상황을 정확히 읽자.
6. 목표를 올바르게 설정하자.
7. 루틴을 지키자.

GATE 4

:스크린골프 100타 깨기
/골생아 탈출

빈 스윙 매주 1천 번 / 월 5천 번 / 연 5만 번

첫째 주: 골프력 게임 퍼팅력, 숏 게임력 65점 도전

☐ 퍼팅력과 숏 게임력 65점을 돌파한다.

☐ '파3, 퍼블릭, 정규 골프장 이용' 강의를 여러 번 듣고, 골프 시설에 갔을 때, 당황하지 않도록 대비한다.

둘째 주: 골프력 롱 게임 65점 도전

☐ '진천 / 제주 캠퍼스 활용법' 강의를 듣고 시설을 적극적으로 활용할 방안을 궁리해 본다.

☐ 드라이버력, 우드＆유틸리티력, 아이언력(7i or 8i) 65점 돌파 도전

셋째 주: 스크린 18홀 100타 깨기

☐ '골프에 좋은 몸만들기' 특강을 시청하고 자기 나름의 몸만들기 프로그램을 수립한다.

☐ '골프 의상에 대하여' 강의를 듣고 골프 옷 마련 계획을 짜 본다.

넷째 주: 진천 캠퍼스에서 잔디 경험하기 / 숏 게임 잔디에서 해보기(0.3)

☐ 진전 캠퍼스 혹은 파3 골프장을 방문해서 잔디에서의 샷을 경험해 본다.

☐ 빈 스윙 2만 번 완료한다.

☐ '골프 볼과 장갑'에 대한 강의를 듣고 볼을 마련한다.

▶ 행복골프 콘텐츠 QR 링크

| 파3, 퍼블릭, 정규 골프장 이용 | 진천/제주 캠퍼스 이용법 | 골프에 좋은 몸 만들기 | 골프 의상에 대하여 | 골프 볼과 장갑 |

° 숏 게임 성지

파3에서의 연습은 그저 라운드 형식으로 돌면서 숏 게임을 연습하는 것이라
안 하는 것보다야 도움이 되겠지만 연습의 효과라는 측면에서는 턱없이 부족합니다.

진천 캠퍼스에서의 숏 게임 연습은 같은 샷을 다양하게 반복해 볼 수 있습니다.
길게는 100m까지 연습할 수 있으니 웬만한 숏 게임은 다 해 볼 수 있습니다.
벙커도 있고, 짧은 어프로치와 퍼팅도 연습할 수 있습니다.
골프에 왕도가 있을 수 없지만, 조금이라도 수고와 노력을 줄이려면
숏 게임 연습의 양과 질을 높이는 것이라 할 수 있습니다.

농담 반, 진담 반으로 누가 행꼴 진천 캠퍼스를 많이 다녔느냐가
곧 실력일 것이라는 이야기를 자주 합니다.
진천 캠퍼스는 행복골프훈련소의 숏 게임 성지입니다.
100타 언저리를 치고자 하는 이는 월 1회,
보기 플레이어를 원하는 사람은 월 2회,
80대는 3회, 싱글은 4회를 꾸준히 다녀야 한다고 저는 권합니다.

골프가 무작정 연습만 한다고 느는 것이 아니라
적절한 환경과 조건을 만드는 일이 중요하고, 그 총합이 바로 실력입니다.
너무 멀어서 진천 캠퍼스에 자주 갈 수 없는 사람은
자신의 근거지에서 가장 조건이 좋은 숏 게임 연습 시설을 찾아서
숏 게임 연습의 장소를 특정해야 합니다.
숏 게임 전용 연습장을 마련했는가 아닌가가 골프 라이프를 좌우합니다.

:필드 골프 첫 경험(머리 올리기)

빈 스윙 매주 1천 번 / 월 5천 번 / 연 5만 번

첫째 주: 파3 다녀오기

☐ 훈련소 소장/매니저 혹은 담당 프로에게 문의해서 행복골프훈련소가 진행하는 파3 라운드 프로그램에 참여한다.

☐ '퍼팅 심화' 강의를 듣고 퍼팅 실력을 한 단계 끌어올린다.

둘째 주: 야간 9홀 다녀오기

☐ 훈련소 소장/매니저 혹은 담당 프로에게 문의해서 행복골프훈련소가 진행하는 야간 9홀 라운드 프로그램에 참여한다.

셋째 주: 제주도 행복골프 캠퍼스 '머리 올리기 프로그램' 도전

☐ 해당 월에 참여가 어려우면 다음 달, 그다음 달이라도 신청을 해서 꼭 다녀오도록 한다.
   (참가자격 : 스크린골프 100타 돌파한 사람)

☐ 행복골프훈련소 제주 캠퍼스 영상을 여러 차례 시청해서 머릿속에 그림이 그려지게 한다.

넷째 주: 필드 첫 경험 후기 쓰기

☐ 빈 스윙 2.5만 번을 완료한다.

☐ '골프와 글쓰기' 강의를 듣고 제주에서의 경험과 첫 라운드의 느낌을 생생히 기록한다.

▶ 행복골프 콘텐츠 QR 링크

| 퍼팅 심화1 | 퍼팅 심화2 | 연습장에서의 좋은 연습 방법 | 골프와 글쓰기 |

° 골프 보약

빈 스윙을 매일매일 지속하기를 제안합니다. 골프하는 동안 평생!

어떤 하나의 일을 21일간 꾸준히 지속하면 습관이 됩니다.
아침 7시에 일어나는 것을 21일간 반복하면
알람이 없어도 그 시간에 자동으로 눈이 떠집니다.
생체 시계가 작동하는 거죠.
생체 시계가 작동하면 그 일은 의지의 경계를 넘어,
하지 않으면 섭섭한 어떤 일이 되어버립니다.
빈 스윙의 생활화가 행복한 골프가 되는가, 불행한 골프가 되는가를
가늠한다고 해도 과언이 아닙니다.
바쁜 일상에 골프 연습장에 가야만 연습이 된다는 발상으로는
골프를 잘하기 힘듭니다.
집이든 어디든 꾸준히 할 수 있는 과제를 가져야 골프가 쉬이 발전합니다.
빈 스윙이 바로 그것입니다.
처음 골프를 시작할 때 5천 번의 빈 스윙으로 시작한다는 것은
골프를 쉽게 접근하게 해주는 핵심적인 관건이 됩니다.
잘하든 못하든 스윙을 만 번 정도 하면 스윙에 대한 첫 깨달음이 옵니다.
생각이 아니라 느낌으로, 머리가 아니라 몸으로 스윙을 이해하게 됩니다.

"빈 스윙은 골프의 보약입니다."

첫째 주 : 골프력 게임 전 과목 65점 도전

☐ 골프력 전 과목을 65점 이상이 되도록 도전한다.
☐ '골퍼들의 실력 분포' 강의를 듣고 골프의 여정을 마음속에 그려 본다.
☐ '숏 게임 심화' 강의를 듣고, 숏 게임 실력을 한 단계 끌어올린다.

둘째 주 : 행꼴 월례회 참석

☐ '월례회 활용법' 강의를 듣고, 행복골프훈련소의 월례회를 적극 활용할 궁리를 해본다.
☐ 여러 월례회 중 하나를 선택하고, 매달 1회는 무조건 참석한다.

셋째 주 : 골프력 게임 전 과목 연속 65점 시험

☐ 연습과 실전의 게임은 다르다. 공식적인 시험으로 전 과목 65점을 돌파하도록 한다.

넷째 주 : 스크린 90타 깨기 도전

☐ 빈 스윙 2.5만 번 완료한다.
☐ 스크린골프 90타를 깬다.

▶ 행복골프 콘텐츠 QR 링크

숏 게임 심화 1   숏 게임 심화 2   월례회 활용법   골퍼들의
실력 분포

°월례회의 의미

보통 골프를 하면 한두 개의 모임, 월례회라는 정기적인 모임에 가입합니다.

동창이나 업무적 관계들, 저희 같은 카페 혹은 밴드 동호회,

큰 회사의 사내 동호회… 다양합니다.

당신은 반드시 한 달에 하나 이상의 월례회에 가입하셔야 합니다.

월례회는 보통 정해진 날짜, 정해진 시간에 정기적으로 열립니다.

소위 연 부킹이라는 것을 통해 예약을 쫙 잡아 놓기 때문입니다.

저렴하기도 하고 한 골프장에서 일정한 인터벌로 골프를 지속한다는 것이

지금의 당신에게 대단히 중요한 교육적 요소여서 반드시 월례회 활동을 시작하라는 겁니다.

한 달에 한 번이든 두 번이든 일정한 간격으로 골프를 친다는 것이 중요합니다.

대개 월례회에 맞춰 골프 라이프가 재구성됩니다.

예를 들어 한 달에 한 번 월례회를 간다면,

다녀온 그 주는 성취의 기쁨 혹은 기대 이상의 좌절(!)로 정신없이 훌쩍 갑니다.

정신을 차리면 또 3주 후에 다음 월례회가 다가오고 있습니다. 뭔가를 준비해야 합니다.

플랜을 짜게 되지요. 특히 자신이 부족하고 실수가 잦았던 부분을 염려하고 대비하려

들겠죠.

1주일 정도 남으면 기대와 흥분, 불안과 두려움으로 잠을 설치기도 합니다.

그런 모든 일이 하나의 사이클을 이루게 됩니다.

그래서 월례회라는 장치를 골프 라이프 속에 배치하는 것이 중요하다는 겁니다.

게다가 하나의 골프장에서 꾸준히 한다는 것도 무척 중요합니다.

자신의 실력이 늘고 있는지 줄고 있는지, 어느 부분이 지속적으로 취약한지,

거리나 방향성은 어떤지 파악할 수가 있습니다.

초보자들은 다른 골프장에서의 성적을 평면에 놓고 비교할 수가 없습니다.

성적이 좋아져도 골프장이 쉬워서 그럴 수도 있고,

성적이 나빠도 골프장이 어려워서 그럴 수도 있습니다.

다른 변수를 배제한 위에 자신의 성장을 객관화시키려면

90타 언저리에 이르기까지는

하나의 골프장을 꾸준히 다니는 것을 권하는 바입니다.

행복골프훈련소의 정기 월례회는 매주 있습니다. 그중 하나를 선택하시면 됩니다.

한 월례회에 세 번 정도 계속 참석하면 많은 회원이

당신의 골프를 응원하고 관심을 둡니다.

그들의 애정 어린 관심은 당신 골프를 성장시키는 또 하나의 자양분이 됩니다.

GATE 7 : 드라이버 비거리 늘리기 도전 /스크린 85타

빈 스윙 매주 1천 번 / 월 5천 번 / 연 5만 번

첫째 주 : 골프력 게임 70점 도전
- ☐ 골프력 게임 전 과목 70점에 도전한다.

둘째 주 : 드라이버 비거리 늘리기 도전
- ☐ 남자 180m 이상, 여자 130m 이상
- ☐ '비거리에 대하여' 강의를 보고, 비거리에 대한 입장을 다시 정립 후 Dr 비거리 180m에 도전한다.

셋째 주 : 행꼴 월례회 참석
- ☐ 매 라운드의 스코어를 <5년 골프 일기>에 기록한다. (날씨, 느낌, 부족한 점, 동반자, 특이 사항 등)

넷째 주 : 스크린 85타 깨기 도전
- ☐ 스크린골프를 80대 중반 정도 치면 친구들과 반갑게 어울릴 수 있게 되는 것이고, 골프로 사람들을 만나 관계 맺고 즐기는 것이 편한 상태가 된다.
- ☐ 친구들과의 스크린 모임에 적극 참여한다.
- ☐ 빈 스윙 3만 번 완료

▶ 행복골프 콘텐츠 QR 링크

장타가
비극이다

42

공은 요물

빈 스윙할 때와 공을 칠 때 왜 이렇게 다르지?
아마 당신은 이런 이야기를 평생 하게 될 것입니다.
어쩌면 골프에 숙달된다는 것이
빈 스윙과 실제 공을 치는 스윙의 차이를 좁혀가는 것을 의미할지도 모릅니다.
골퍼들 사이에서 빈 스윙과 실제 공을 치는 사람이
같은 사람이 아닐지도 모른다는 농담이 있을 정도입니다.
왜 그렇게 다른가? 왜 그렇게 달라지는가?

공이 '요물'이라서 그렇습니다.

공은 왜 요물인가? 공은 바로 내 마음을 비추는 거울,
내 마음을 담는 그릇이기에 그렇습니다.
다시 말하면 천변만화하는 내 마음이 바로 요물인 거죠. 공을 보는 순간 욕심이 나고,
공을 보는 순간 두려움이 일고, 공을 보는 순간 운동 직관이 작동합니다.
바로 그 마음을 다스리는 일이 평생의 골프이고,
그래서 골프가 미치도록 재미있는 놀이가 되는 것입니다.

오늘 공이 잘 맞았다고 내일도 그러리란 보장이 없습니다.
오늘 똑바로 갔다고 내일도 그리 될지 알 수가 없습니다.
연습장에서 잘 되었다고 필드에서 그런 샷이 나오리란 보장은 더욱 없고요.
그러니 연습은 공을 어떻게 하는 것이 목적이어서는 안 됩니다.

연습은 공을 대하는 마음을 연습하는 겁니다.
공을 대하는 마음은 나만의 루틴이라는 형식으로 완성됩니다.

GATE 8 : 골프력 게임 72점 돌파

빈 스윙 매주 1천 번 / 월 5천 번 / 연 5만 번

첫째 주: 골프력 게임 72점 돌파

□ 골프력 게임 전 과목 72점 돌파를 위해 노력한다.

□ '빈 스윙 강좌'를 다시 보고, 스윙에 대해 다시 생각을 정립한다.

둘째 주: 행꼴 월례회 참석

□ 행꼴 월례회를 참석하고 <5년 골프 일기>에 기록한다.

셋째 주: 파3 다녀오기

□ 파3의 성적도 매번 <5년 골프 일기>에 기록하고 관리한다.

넷째 주: 스크린 싱글 도전

□ 빈 스윙 3.5만 번 완료

▶ 행복골프 콘텐츠 QR 링크

빈 스윙 강좌

°행운의 샷과 불운의 샷

108타를 깨기 위해 계속 라운드를 하면서
수없이 많은 불운의 샷을 경험하게 될 겁니다.
잘 친 것 같은데 물에 퐁당 들어가기도 하고,
나무나 말뚝을 맞고 오비가 나기도 하죠.
왜 이렇게 나는 불운한가 싶으실 겁니다.
그렇지만 가만히 보면 잘못 쳤는데 핀에 붙기도 하고,
공의 머리를 때렸는데 더 멀리 가기도 합니다.

행운의 샷도 의외로 많습니다.

사는 일도 그러하지만, 골프도 행운과 불운은 늘 교차합니다.
한 번 한 번의 라운드는 그 어느 쪽이 우세할지 모르지만
긴 기간의 결과를 놓고 보면

행운과 불운의 숫자는 언제나 같습니다.

빈 스윙 매주 1천 번 / 월 5천 번 / 연 5만 번

첫째 주: 골프력 게임 75점 깨기

□ 골프력 게임 전 과목 75점 깨기

둘째 주: 야간 9홀 다녀오기

□ 야간 9홀 성적도 <5년 골프 일기>에 기록하면서 관리한다.

셋째 주: 골프 영화 보기

□ 골프 영화 보기 '베가 번즈의 전설'은 꼭 보는 것이 좋다.
□ '집중과 몰입 루틴에 대하여'를 다시 한번 집중해서 본다.

넷째 주: 스크린 80타 깨기

□ 빈 스윙 4만 번 완료

▶ 행복골프 콘텐츠 QR 링크

집중과 몰입   골프영화
루틴에 대하여   베가 번즈의 전설

°당신의 영화들

'베가 번즈의 전설', '내 생애 최고의 경기', '틴 컵'….
골프의 역사도 있고, 신파도 있고, 기막힌 반전과 긴장도 있습니다.
당신이 골프의 매력에 푹 빠지게 되는 계기가 될 수도 있습니다.
추천드린 영화들을 보면서 곰곰이 한번 생각해 보세요.

우리가 치르는 한 번, 한 번의 라운드가 사실 한 편의 영화입니다.

거짓말과 핑계로 시간을 낸 사람, 실력을 뽐내려고 등장한 인물,
주눅 들어 있거나, 어떤 자리인지도 모르고 대타로 나타난 사람….
등장인물만으로도 분위기가 심상치 않습니다.
프로처럼 쫙 빼입고서 붕붕 클럽을 휘둘러 대는 폼이 예사롭지 않아도
3홀을 지나기 전에 실체가 드러납니다.
눈 뜨고 봐줄 수 없는 폼으로 치지만 늘 내기에 이기는 사람….
라운드하다 보면 인간계가 아니라 신계도 심심찮게 경험합니다.

한 편의 기막힌 드라마입니다.

골프의 기막힌 매력은 이야기를 생성한다는 겁니다.
총 4시간 반을 상영하는 18부작 드라마인데,
재방송할 때마다 형식과 내용이 풍성해지며 완성도를 더해갑니다.
이야기꾼은 사람을 몰고 다니고,
이야기의 힘은 사람을 모으는 힘이 됩니다.

그리고 그것은 결국 신화가 됩니다.

:필드 골프 100타 깨기 준비 시작

빈 스윙 매주 1천 번 / 월 5천 번 / 연 5만 번

첫째 주: 1-club 챌린지(온 그린 컨시드 모드)

☐ '1클럽 챌린지의 의미' 강의를 들으면서 도전의 의미를 새겨 본다.

둘째 주: 파3 다녀오기

☐ 파3에서의 라운드도 규칙(온 그린 해저드 룰)을 정확히 지키면서 성적을 기록하고 관리한다.

셋째 주: 야간 9홀 다녀오기

☐ 모든 라운드를 실전의 게임이라고 생각하고 진지하게 임한다.

☐ '컨시드를 주는 기준' 강의를 보고 자신만의 컨시드 기준을 정한다.

넷째 주: 진천 캠퍼스 다녀오기

☐ 빈 스윙 4.5만 번 완료

▶ 행복골프 콘텐츠 QR 링크

1클럽 챌린지의
의미

컨시드를 주는
기준

°1천억짜리 정원

골프장에 가면 사진도 많이 찍으시고 맛난 것도 많이 드세요.

골프장은 1천억 원짜리 정원입니다. 서울 근교는 2천억을 넘는 곳도 많습니다.

그런 곳을 4시간 반 동안 동반자들과 통으로 빌리는 겁니다.

골프장은 멀리 앞 팀이나 뒤 팀이 보일 때도 있지만

기본적으로는 오롯이 당신과 동반자들을 위한 공간입니다.

그래서 요금이 비싼 것이고, 그런 특별한 경험이 골프의 매력이기도 합니다.

필드의 첫 경험을 하는 당신께 당부드리고 싶은 것은

단 하나입니다. 매 샷 최선을 다하면서 이 하루를 만끽하시라는 겁니다.

스코어, 거리, 방향, 다 내려놓으세요.

진짜 골프장은 잔디 상태가 이렇구나, 클럽 하우스가 멋지구나, 경치가 좋구나.

이런 좀 거시적인 것들에 더 집중하세요.

첫 필드를 경험하고 나서, '와 이거 재미있는데?' 하는 흥미,

골프를 향한 의지, 의욕이 생긴다면 그것만으로 충분합니다.

다녀온 경험을 꼭 〈5년 골프 일기〉에 정리하세요.

사진과 함께 기록을 남겨놓으면 훗날 큰 자산이 될 것이고, 멋진 추억이 될 겁니다.

많은 사람이 처음 필드를 갔던 날의 경험을 너무도 생생하게,

이상하리만치 평생 소상하게 기억합니다.

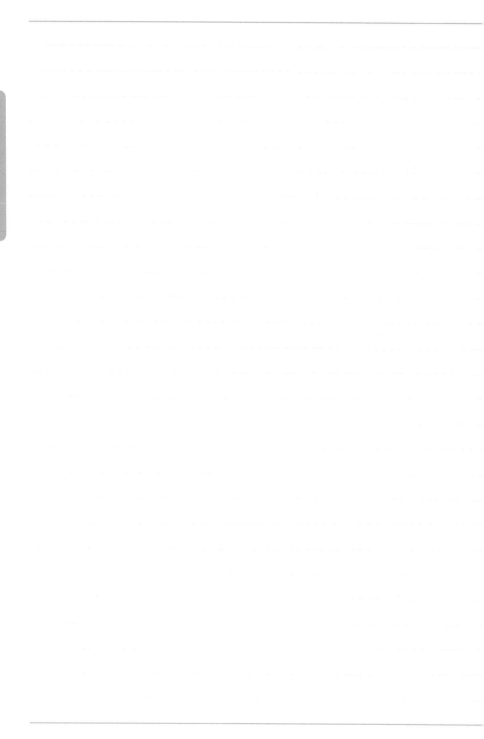

GATE 11
: 성공한 골퍼들의
10가지 습관 공부

빈 스윙 매주 1천 번 / 월 5천 번 / 연 5만 번

첫째 주 : 야간 9홀 다녀오기
□ 야간 9홀에서 48타 깨기
□ '성공한 골퍼들의 10가지 습관' 강의를 듣고 자신의 골프 습관에 대한 생각을 정리한다.

둘째 주
□ 스크린 세 번 연속 싱글 하기

셋째 주 : 파3 다녀오기(9.8)
□ 온 그린 해저드 룰로 45타 치기

넷째 주 : 성공한 골퍼의 10가지 습관 공부하기
□ 빈 스윙 5만 번 완료
□ 책 <성공한 골퍼들의 10가지 습관>을 읽고 <5년 골프 일기>에 독후감을 정리한다.

▶ 행복골프 콘텐츠 QR 링크

성공한 골퍼들의
10가지 습관

°배움과 가르침

'스크린골프 90타 깨기'라는 관문을 앞둔 당신에게
특별한 과제를 하나 드립니다.
왕초보 입문 과정에 '자원봉사'를 하는 시간입니다.
1시간에서 2시간 정도 되는 교육 네 번 정도이니
그렇게 수고롭지는 않은 관문일 거예요.
특히 스윙 만들기 시간이나, 공과의 만남 시간에 꼭 참여하도록 하세요.
그분들은 1달 만에 스크린골프 9홀 완주하기 프로그램에 참여한 분들일 거예요.
열과 성을 다해서 1달 이내에 스크린골프의 맛을 보게 도와주세요.

어떤 기분이셨어요, 오늘?
저렇게 단순한 동작도 못 할까 싶으셨나요?
'와, 나도 저 과정을 겪어 이 자리에 섰는데!'라며
지난 세월이 주마등처럼 지나가면서 스스로 대견해 하셨나요?
어떤 느낌이었어도 좋습니다.
단지 90타를 앞둔 당신께 선물로 드리고 싶었던 것은
90타를 깨고 못 깨고를 떠나,
여기까지 온 것만으로도 당신이 참 대견하다는 점을 알려드리고 싶었습니다.
거기에 더해 잘 못 하는 사람을 돕는 과정에서 뭔가 깨달음이 있었다면
더할 나위 없이 좋은 시간이었을 겁니다.
진정한 배움을 가르침에서 오고,
배움의 완성은 가르치는 속에서 온다고 했습니다.

〈골프 교본〉에서의 행복은 배움과 가르침의 연쇄 속에서
더욱 증폭된다는 사실을 얘기해드리고 싶었습니다.
좀 더 가벼운 마음으로 90타를 향해 걸어갑시다.

GATE 12
:필드 골프 100타 깨기 /골린이 탈출

빈 스윙 매주 1천 번 / 월 5천 번 / 연 5만 번

첫째 주: 행복골프튜터협회에 대한 이해
☐ '행복골프튜터협회 안내' 강의를 듣고 골프 라이프에 튜터 되기를 추가한다.

둘째 주: 미스 샷의 구조 / 마음의 오작동 공부
☐ '공과의 만남, 마음의 오작동' 강의를 다시 한번 듣고 새긴다.
☐ <99타여 100타를 가르치라> 책을 읽고 독후감을 쓴다.

셋째 주: 필드 라운드를 위한 스크린 연습 라운드 / 전략과 전술
☐ '골프의 전략과 전술에 대하여' 강의를 듣고 자신만의 전략 전술을 수립해 본다.

넷째 주: 필드 골프 100타 깨기 / 제주 캠퍼스 혹은 프로와 동반 라운드
☐ 빈 스윙 누적 5만 번.

▶ 행복골프 콘텐츠 QR 링크

| 행복골프튜터
협회 안내 | 골프의 전략과
전술에 대하여 | 골프는 다중
타겟 게임 | 골프는 치밀하게
스윙은 생각 없이 |

°양, 질 전환의 법칙

하루 200번, 주당 1천 번을 꾸준히 하면 1달에 5천 번을 할 수 있고,
1년이면 5만 번을 넉넉하게 할 수 있습니다.
그렇지만 그리 쉽진 않죠. 1년에 5만 번을 목표로 꾸준히 노력하세요.

마음 편히 양에 집중하세요.

사람들은 골프를 '질적인 성취'가 중요한 운동이라고 생각하던데
〈골프 교본〉의 생각은 다릅니다.
동적이기보다는 지극히 정적인 골프야말로,
철저히 '양적인 축적'이 중요한 운동입니다.

반복의 양이 바로 스윙의 질이라는 거죠.
양의 축적으로 질적인 변환이 이뤄지는 겁니다.
하지만 혼자 하면 지루해서 못 하는 것이 빈 스윙입니다.
그래서 밴드나 단톡방을 만들거나 훈련소에서 여러 사람과 함께하는 것이 좋습니다.
골프가 아닌 다른 운동을 생각해 보세요.
수영, 자전거, 에어로빅…. 다들 '떼'로 하잖아요.
다 이유가 있는 겁니다.
혼자 가기 지겹고 힘드니 함께 가는 겁니다.
빈 스윙도 그렇게 여럿이 함께하세요.
어느새 훌쩍 5만 번의 경지에 이를 것이고,
'그분'을 영접하실 수 있을 겁니다.
빈 스윙을 할 때 꼭 가벼운 것과 무거운 것, 부드러운 것과 딱딱한 것,
느리게 하는 연습과 빠르게 하는 연습을 병행하세요.
거울을 많이 보시고, 닮고 싶은 스윙을 보면서 혹은 떠올리면서 하세요.
5만 번 정도 하면 평생 스윙의 밑그림이 그려지고,
내 스윙의 꼴이 형성됩니다.

GATE 13 :GQ quiz 도전

빈 스윙 매주 1천 번 / 월 5천 번 / 연 5만 번

첫째 주 : 파3 다녀오기(0.3)

☐ (P4 9-game) 42타 이내 치기
☐ 영상 '행복골프튜터협회 안내' 보면서 배움과 가르침의 연쇄에 대하여 생각해 보기

둘째 주 : 행복골프훈련소 월례회 다녀오기(1.3)

☐ '프리 라운드 루틴에 대하여' 강의를 듣고 자신만의 프리 라운드 루틴을 실천하기 시작한다.

셋째 주 : 스크린 싱글 유지 / 영화 보기

☐ 79타 이내 치기
☐ 골프 영화 '틴 컵'을 보고 감상평을 글로 써 본다.

넷째 주 : GQ quiz 도전

☐ 빈 스윙 5.5만 번 달성
☐ 'GQ(golf intelligence quotient) quiz' 강의를 듣고 골프에서 공부의 의미를 새겨 본다.

▶ 행복골프 콘텐츠 QR 링크

프리 라운드
루틴에 대하여

GQ 퀴즈 안내

골프영화
틴 컵

°골프 지능

사는 데 IQ, EQ가 필요하다면
골프를 하는 데는 GQ가 높아야 합니다.
마치 골프가 몸으로만 하는 일인 양 생각하지만
라운드 전 과정을 보더라도
몸을 쓰는 일은 10분 내외에 불과합니다.
온통 머리를 쓰고 있는 거죠.

상황을 읽고 판단하고,
선택하고 실행합니다.
전략을 수립하고, 실수를 분석하고
동반자와의 말 없는 싸움도 만만치 않습니다.
모든 일이 마음과 머리의 작동입니다.

GQ를 단지 골프에 대한 지식이라 생각하면 안 됩니다.
골프라는 게임의 본질에 대한 이해의 정도,
샷 메커니즘에 대한 이해와 실수에 대한 해석 능력,
마음을 다스리는 기술,
룰과 에티켓….
뭐 그런 것들의 총화입니다.

그러니 골프,
공부해야 합니다.

아는 만큼 보인다는 진실
골프도 똑같습니다.

GATE 14 :S-TUTOR test 도전

빈 스윙 매주 1천 번 / 월 5천 번 / 연 5만 번

첫째 주: 센츄리21cc에서 연습 라운드 / 9홀 50타 이내
□ '넓고 풍성한 골프 라이프' 강의를 듣고 자신의 골프 라이프를 설계한다.

둘째 주: 진천 캠퍼스에서 보충 연습
□ 연습 라운드에서 모자랐던 부분을 집중적으로 보완한다.

셋째 주: GQ quiz 70점 도전
□ 70점 이상의 점수가 나오도록 한다.

넷째 주: 실기 시험 도전 / 합격자는 S-튜터 교육신청
□ 빈 스윙 6만 번 / 전반 9홀 연습 / 후반 9홀 시험(경기 위원 배치)

▶ 행복골프 콘텐츠 QR 링크

넓고 풍성한
골프 라이프

° 학습의 순서

처음 필드 경험하고 이제 여러분 앞에 놓인 가장 중요한 과제는
필드에서 평균 성적으로 100타 이내의 스코어를 만드는 겁니다.

그동안 몇 번이라도 필드를 다녀왔다면
이미 100타를 지나왔다고 이야기할지도 모릅니다.
하지만 그건 다 캐디 스코어, 동반자 스코어라 보면 됩니다.
제대로 카운팅을 해서 평균 100타는 그리 만만한 경지가 아닙니다.
사실 제대로 계산해서 100타는 이제 친구들이 골프 치러 가자 했을 때
성큼 따라나서도 되는 상태입니다.
그쯤 되면 동반자에게 민폐가 되지 않는 수준을 훌쩍 넘어서서
골프의 매력에 흠뻑 빠지게 됩니다.
누가 시키지 않아도 연습장으로 발길이 향하는 상태에서
말려도 가는 상태로 바뀌죠.
100타에 이르는 가장 빠른 길은
롱 게임 능력을 키워서 이르는 것이 아니라
숏 게임 강화와 퍼팅 수준의 향상입니다.
이미 눈치채셨지만 롱 게임의 개선이나 향상은 시간과 노력이 많이 듭니다.
그리고 한순간 되었나 싶어도 또 망가져 버립니다.
모든 것을 다 잘해야 하고 노력도 골고루 해야 하는 건 맞지만
100타라는 당면한 과제를 앞두고서는
숏 게임과 퍼팅에 더욱 집중하는 것이 효과적입니다.

:스크린골프 77타 도전

빈 스윙 매주 1천 번 / 월 5천 번 / 연 5만 번

첫째 주: 골프력 게임 퍼팅력, 숏 게임력 78점 도전
☐ 튜터 테스트 합격자는 합격하기까지의 과정을 글로 정리해 본다.

둘째 주: 행복골프훈련소 월례회 참석
☐ '내기 골프에 관하여' 강의를 보면서 내기 골프에 대한 자기 생각을 정리한다.

셋째 주
☐ 스크린 18홀 77타 도전

넷째 주: S-TUTOR 8시간 교육 이수
☐ 튜터 교육을 통해 누군가를 가르친다는 것의 의미와 방법을 생각해 본다.
☐ 빈 스윙 6.5만 번 완료

▶ 행복골프 콘텐츠 QR 링크

내기 골프에
관하여

˚적당한 내기

튜터 합격을 축하합니다.

한 걸음 한 걸음 힘들었겠지만 여기까지 잘 오셨습니다. 꽤 멀리 온 겁니다.

그런데 이쯤 오다 보면 내기 골프라는 세계가 펼쳐집니다.

내기 골프는 필요악입니다.

당신이 내기를 선호하는 쪽이면 문제가 안 될 것이지만

만약 당신이 내기를 선호하지 않는 쪽이라도 내기를 극구 피하지는 마세요.

당신이 골프 모임의 주도권을 가질 만큼 구력이 되기까지는

슬슬 따라가 주는 것도 삶의 지혜라 할 수 있습니다.

내기가 가지고 있는 긍정적인 면을 잘 활용하시면 됩니다.

내기는 룰을 엄격하게 적용하고 한 샷 한 샷 집중도를 키워 줍니다.

적당한 내기라면 연습 효과를 배가시키는 측면이 분명합니다.

문제는 '적당한 내기라는 것이 어디까지인가'라는 거죠.

골프는 기본 경비와 부대 경비가 있는데

그린 피, 카트비 정도가 기본 경비이고, 캐디 피와 식음료비는 부대 경비입니다.

스크린골프는 게임비가 기본이고 먹고 마시는 비용을 부대 경비라 할 수 있죠.

내기의 총량이 부대 경비를 누가 부담할까 정도라면 적당한 겁니다.

기본 경비를 누가 내는가까지 가면 큰 내기입니다.

기본 경비마저 넘어서는 내기는 도박에 가까워집니다. 그건 하면 안 되는 거죠.

필드 골프에서 타당 5천 원 정도의 내기,

스크린에서 타당 1천 원 정도의 내기는 기본 경비 내기에 가깝습니다.

그런데 어쩐 내기이든 자신의 승률이 20%가 안 되는 내기는 계속하면 안 됩니다.

그건 룰 세팅이 잘못된 겁니다.

5:5 승률이 가장 합리적인 거지만

나는 6:4 혹은 7:3까지는 용인하겠다는 마음으로 일정 기간의 승률을 가만히 살펴보세요.

너무 균형이 맞지 않으면 룰 세팅을 조정하자고 하세요. 아니면 그만 만나야지요.

:S-TUTOR 월례회 참석

빈 스윙 매주 1천 번 / 월 5천 번 / 연 5만 번

첫째 주: 파3 혹은 행복골프훈련소 진천 캠퍼스 다녀오기

☐ (P4 9-game)40타 이내 치기

둘째 주: 야간 9홀 다녀오기

☐ 45타 도전

셋째 주

☐ 스크린 18홀 77타 깨기

넷째 주: S-TUTOR 월례회 신청 / 100타 이내 성적관리

☐ 튜터 월례회를 꾸준히 참석해서 100타 이내의 스코어로 관리한다.
☐ 빈 스윙 7만 번 완료

▶ 행복골프 콘텐츠 QR 링크

골프와 인생1   골프와 인생2   골프와 인생3   골프와 인생4

˚ 속도와 방향

많은 사람이 골프의 길을 잃고 있을 때,
행복골프 동영상을 보고 다시 용기를 얻거나,
길을 찾았다고들 증언하고 있습니다.
김헌 쌤의 강의는 기술적인 측면보다는
행복한 골프로 가는 올바른 관점(철학)을 이야기합니다.
우리는 먼 길을 걷고 있습니다.
사막에서는 속도가 문제가 아니라 방향(철학)이 문제입니다.
골프가 그러합니다.
빨리 가는데 방향이 틀리면 간 것만큼 손해이고 낭비입니다.
열심히 하지 않는 사람이야 어디로 어떻게 가든 그리 멀리 가지 못합니다.
문제는 노력이 많은 사람, 단단히 의기충천해서 덤비는 사람들에게 있습니다.
운동이라는 것이 일단 '무식하게' 반복해야 합니다만
그 무식이 잘못된 방향을 가리키고 있다면
아주 먼 길을 돌아가겠죠.
골프에 있어 좋은 선생을 찾는 방법은
'초보자를 가르쳐서 싱글에 이르게 한 사람이 몇이나 되나?'를 물어보면 됩니다.
김헌 쌤은 수많은 초보자를 싱글의 길로 안내한 경험이 있습니다.
영상 강의를 들으면서 골프의 길을 깊이 이해해 보세요.

GATE 17 :튜터링 첫 실습 / 스윙 만들기

빈 스윙 매주 1천 번 / 월 5천 번 / 연 5만 번

첫째 주: 골프력 게임 전 과목 78점 넘기 도전

☐ 모자라는 과목 집중 훈련

☐ 책 <99타여 100타를 가르치라>를 읽으면서 자신만의 교안을 만들어 본다.

☐ 책과 영상 '골프를 당장 시작해야 할 7가지 이유'를 보고 주변에 골프를 망설이고 있는
　 사람들에게 선물하거나 그들을 설득해서 골프에 입문시키고 본인이 안내할 계획을 세워 본다.

둘째 주: 스크린 76타 도전

☐ 영상 '99타여 100타를 가르치라'를 보면서 누군가를 가르치는 일이 자신의 골프를
　 성장시키는 계기임을 확인하고, 자신만의 레슨법을 정립해 간다.

☐ 책 <골프맨 Dr.golf Mann(원제 Swing Like a Pro)>을 스윙 만들기의 교본으로 삼고 여러 번
　 탐독한다.

셋째 주: 초보자 튜터링 실습 / 스윙 만들기

☐ 초보자 한 명에게 스윙을 가르쳐서 골프에 입문시킨다.

넷째 주: S-TUTOR 월례회 참석

☐ 빈 스윙 7.5만 번 완료

▶ 행복골프 콘텐츠 QR 링크

99타여 100타를
가르치라

골프를 당장
시작해야 할
7가지 이유

°글쓰기

〈골프 교본〉굽이굽이마다 책 읽기와 글쓰기가 꾸준히 배치되어 있습니다.
읽고 쓰는 일이 익숙한 사람에게는 아무것도 아닌 과제입니다만
그동안 살아오면서 읽고 쓰는 일이 익숙지 않았던 분들께는 꽤 부담되는 일일 겁니다.
특히 읽는 일보다는 쓰는 일이 더 그렇죠? 잘 알고 있습니다.
알고 있음에도 불구하고 과제 설정을 그리 배치한 것에는 나름의 의도가 있습니다.
모든 원시 부족들에게 성인식이라는 통과의례가 있습니다.
신성한 산에 오르기, 먼 여행을 다녀오기, 몸과 마음을 극한 상황에 두기 등
고독과 고통 속에서 존재의 의미를 되새기고, 공동체와의 관계를 생각하고,
우주와 자연과 공감하고, 경외심을 느끼고….
지독한 진통의 과정을 겪고 나와야 비로소 공동체의 일원이 된다는 겁니다.
그런데 놀라운 사실은 통과의례는 대부분 남성들만 한다는 거 아세요? 왜일까요?
여성들은 아이를 낳기 때문이랍니다.
생명을 잉태하고, 내 몸속에서 매 순간 생명을 느끼며 키우고,
죽을 것 같은 고통으로 아이를 낳고….
그 자체가 통과의례라는 겁니다. 말 되죠?
그래서 남성보다 여성이 본원적으로 더 우주적이라거나 더 우월한 존재라고들 하죠.
기본적으로 여성이 남성보다 훨씬 관계 지향적이라는 걸 생각해 보면
틀린 말은 아닌 것 같습니다.

글쓰기는 출산입니다.

생각을 잉태하고 생각을 키우고 통증을 느끼면서 세상에 내어놓는 과정이 글쓰기입니다.
행복골프훈련소는 골프를 골프만으로 즐기기에는 시간과 돈을 너무 많이 쓰기에,
반드시 '행복한 골프'가 되어야만 한다고 생각합니다.
골프가 '내 삶 전체를 풍요롭게 하는 장치로서의 골프'라면 더 좋겠다는 발상인 거죠.
골프가 행복하려면 골프를 되돌아보고 골프에 대한 생각을 가다듬고
내 골프를 객관화시켜 보는 힘이 있어야 합니다.
그 성찰의 힘이 바로 골프를 절약해 주고 골프를 키우는 밑거름이 됩니다.
글쓰기는 성찰입니다.
일상에 없던 어떤 경험을 하면 누구나 뭔가를 표현하고픈 욕구를 갖게 됩니다.
골프는 일상에서보다 훨씬 직접적이고 증폭된 상태로 오욕과 칠정이 찾아옵니다.
정말 글쓰기 좋은 소재의 창고이자 글쓰기의 멋진 계기죠.
어른 골프가 되는 통과의례로서의 글쓰기, 멋지지 않나요?
골프를 시작했더니 글도 쓰게 되었다, 골프가 어느 정도 실력에 이르자 글도 꽤 쓰게 되었다.
책도 한 권 출판할 궁리를 해보시면 어떨까요?
그것이 행복골프가 바라는 풍경입니다.

GATE 18 :골프력 전 과목 연속 78점 통과

빈 스윙 매주 1천 번 / 월 5천 번 / 연 5만 번

첫째 주: 골프력 게임 전 과목 연속 78점 돌파

☐ 전 과목을 차례대로 연속 78점을 돌파한다.

☐ '소비적 골프와 공헌으로써의 골프' 강의를 듣고 자신의 골프관을 정립해 본다.

둘째 주: 두 번 연속 스크린 76타 돌파

☐ '미스샷에 대해 해석 능력을 키우자' 강의를 듣고 자신의 해석 능력을 점검해 본다.

셋째 주

☐ GQ quiz 72점 도전

넷째 주

☐ 야간 9홀 다녀오기

▶️ 행복골프 콘텐츠 QR 링크

소비적 골프와
공헌으로써의
골프

미스샷에 대한
해석 능력을
키우자

°생각의 서랍 닫기

골프는 습관 만들기 게임입니다.

그동안 공을 들여온 것은 매일 빈 스윙하는 습관을 들이기 위한 것이었고,

일주일에 적어도 두 번은 행복골프훈련소를 오가는 습관을 만드는 노력이었습니다.

거기에 한 역할을 해준 것이 게임의 재미였겠죠.

이제 한 가지 습관을 더 추가해야 합니다.

퍼팅 연습입니다. 골프에 있어 퍼팅은 40%의 비중을 차지하는 큰 과목입니다.

드라이버도 한 타고 퍼팅도 한 타입니다.

골프에 빠져들면 들수록 어느 순간 퍼팅이 육체적이고 물리적인 현상이 아니라

마음의 수양을 드러낸다는 것을 눈치채게 되죠.

오늘부터 당장 퍼팅 연습을 시작하십시오.

골프를 잘 치기 위해서가 아니라 잠을 잘 자기 위해서 퍼팅 연습을 시작하십시오.

자기 위한 모든 준비(?)를 끝내고 오늘의 마지막 순간 퍼팅 연습을 시작하는 겁니다.

담요를 펼쳐놓고 1m 정도 거리의 공을 연속 열 번 맞히기 전에는

잠을 자지 않겠다는 굳은 결심으로 시작하세요. 하나라도 실수하면 처음부터 다시 합니다.

자세 따위는 그리 중요치 않습니다.

불과 5분 10분의 시간이지만 몰입의 정도는 점점 높아집니다.

그러는 와중에 일상을 수놓았던 경쟁도 두려움도 섭섭함도 안타까움도 점점 흐려집니다.

퍼팅 연습의 시간이 골프를 위한 시간이 아니라 온종일 열려 있던

'생각의 서랍들을 닫는 시간'이 됩니다.

퍼팅에 있어 주의해야 할 사항들이 없진 않지만 그건 그다지 중요치 않습니다.

천천히 해도 됩니다. 퍼팅 연습 5분이 당신의 일상 속에 단아하게 자리를 잡고,

그 시간을 거치지 않고는 숙면할 수 없는 어떤 것이 되는 것이 더 중요합니다.

퍼팅 연습이라는 하루를 마감하는 의식적인 절차 덕분에

아침이 가벼워지고 행복지수가 올랐다면 그보다 더 좋을 순 없습니다.

부디.

첫째 주: 파3 혹은 진천 캠퍼스 다녀오기

☐ (P4 9-game) 38타 이내 치기
☐ '슬라이스 해석' 강의를 듣고 슬라이스에 대한 자신의 해석 관점을 정립한다.
☐ 관련 책 / 자료: <퍼팅 바이블>

둘째 주: 비거리 늘리기 도전

☐ 남자 190m, 여자 140m
☐ '훅 해석' 강의를 듣고 훅에 대한 자신의 해석 관점을 정립한다.

셋째 주: 초보자 튜터링 실습 / 퍼팅 실습과 게임으로의 안내

☐ '탄도에 대한 해석' 강의를 듣고 자신의 해석 방안을 정립한다.

넷째 주: 필드 골프 96타 도전

☐ 빈 스윙 8.5만 번 완료
☐ '뽕샷과 쪼루에 대한 해석', 'Push와 Pull에 대한 해석' 강의를 듣고 자신의 해석 방안을 정립한다.

▶ 행복골프 콘텐츠 QR 링크

| 슬라이스 해석 | 훅 해석 | 탄도에 대한 해석 | 뽕샷과 쪼루에 대한 해석 | Push와 Pull에 대한 해석 |

° 약한 고리

골프력 게임은 골프라는 게임의 여러 요소를
작은 게임으로 세분화해 놓은 게임입니다.
단순하면서도 직관적입니다.
스크린골프 자체도 게임이고 그것에 몰입해서 열심히 하면
전체적으로 골프 실력이 좋아지기는 합니다. 학습용으로는 손색이 없습니다.
그런데 너무 시간이 오래 걸리고, 학습 효과 측면에서는 좀 낭비적이죠.
성적이 나쁘다면 어떤 요소 때문인지를 분간하기 어렵습니다.
가장 취약한 부분을 보완하면 전체가 좋아집니다.
노력과 시간을 엄청 줄여 줄 수 있는 거죠.
행복골프훈련소는 현재의 골프력 게임을 더욱 재미있고 알차게,
계속해서 업그레이드해 갈 겁니다.
골프력 게임 전 과목의 성적이 65점을 넘도록 하세요.
어느 하나라도 65점을 넘지 못하면 패스가 안 됩니다.
점수가 안 나오는 바로 그 과목이 약한 고리이고
그 부분이 당신의 실력을 결정하고 있는 겁니다.
가장 부족한 영양소가 당신의 건강을 결정짓는 것처럼 말이죠.

골프력 전 과목 65점은 비로소 각각의 과목이 게임을 즐길 정도의 수준이 된 겁니다.
화이팅!

GATE 20 :튜터링 실습 / 숏 게임

빈 스윙 매주 1천 번 / 월 5천 번 / 연 5만 번

첫째 주: GQ quiz 75점 돌파

☐ 관련 책 <숏 게임 바이블>을 읽고 숏 게임에 대한 생각을 정리한다.

둘째 주

☐ 튜터링 실습 / 숏 게임 실습과 게임으로의 안내

셋째 주: 진천 캠퍼스 숏 게임 연습

☐ 4시간 이상 연습

넷째 주: S-TUTOR 월례회 참석

☐ 빈 스윙 9만 번 완료

▶ 행복골프 콘텐츠 QR 링크

골퍼가 읽어야 할
100권의 책

°느림에서 빠름으로

필드 골프에서 100타를 깨려면 스크린골프 싱글이 되어야 합니다.
스크린골프 80타를 깨야 한다는 거죠.
물론 스크린골프 성적이 그보다 높아도 필드에서 100타를 깨는 사람도 많습니다.
그러려면 필드 골프를 더 많이 다녀야 합니다.
숏 게임장의 잔디도 더 많이 밟아야 하고요.
저희가 안내해 드리는 길은 저비용 고효율의 골프입니다.
많은 사람을 행복한 골프의 길로 안내하다 보니 생긴 노하우입니다.
스크린골프 싱글을 달성하고 필드에 나가면
훨씬 쉽게 100타를 깨더라는 것은
확실한 통계에 근거하고 있습니다.
자, 그럼 스크린 싱글을 달성하는 첩경은 무엇일까요?
바로 골프력 전 과목 70점을 넘기는 겁니다.
모든 과목을 70점을 넘긴다는 것은 드라이버든 아이언이든, 숏 게임이든 퍼팅이든,
이제 골프의 도구들과 상당히 친해졌고, 꽤 잘 다루게 되었다는 걸 의미합니다.

절대 제시된 기준 이상의 거리를 놓고 게임에 도전하지 마세요.
악기를 다루는 것도 운동 연습도 '느리게'에서 '빠르게'로 가야 합니다.
역으로는 안 됩니다.
천천히 해야 올바른 정확한 음을 구현할 수 있고, 좋은 폼이 만들어집니다.
바른 자세가 형성되면 스피드를 늘리는 일은 어렵지 않습니다.
거리는 헤드 스피드가 결정하는 것이니 욕심부리지 마세요.
거리에 대한 욕심은 당신의 골프 성장에 큰 장애가 될 겁니다. 욕심을 버리세요.
오히려 골프력 게임 속에 당신의 거리를 늘려드릴 비밀이 숨어 있습니다.
롱 게임의 골프력 게임을 꾸준히 하다 보면
어느새 거리가 훌쩍 늘어 있을 겁니다.
믿어도 됩니다.

GATE 21 :튜터링 실습 / 공과의 만남

빈 스윙 매주 1천 번 / 월 5천 번 / 연 5만 번

첫째 주: 파3 다녀오기

☐ (P4 9-game) 36타 이내 치기

☐ 관련 책 / 자료: <모든 샷에 집중하라(피아 닐손)>

둘째 주

☐ 튜터링 실습 / 롱 게임 공과의 만남 안내

셋째 주: S-TUTOR 월례회 참석

☐ 9홀에 45타 도전

☐ 골프 영화 '해피 길모어' 보고 감상평 쓰기

넷째 주: 골프력 게임 80타 도전

☐ 빈 스윙 9.5만 번 완료

▶ 행복골프 콘텐츠 QR 링크

골프영화
해피 길모어

° 불완전한 무기

스크린에서 80타를 깬다는 것은
샷 메이킹 능력이 향상되었음을 이야기하기도 하지만
더 본질적으론 게임 운영 능력이 향상되었다는 방증입니다.

위험을 파악하고 피할 줄 아느냐?
상황을 읽을 줄 알고, 작전을 짤 수 있게 되었느냐고 묻는 겁니다.
당신의 골프는 어떻습니까?
골프는 샷의 완성도를 높여 문제를 해결하는 게임이라기보다는

'무기의 불완전성을 전략으로 커버하는 게임'입니다.

샷의 완성이 하루아침에 되는 것이 아니라 평생의 숙제이기에 그렇습니다.
아무리 스크린골프라지만 상당한 정도의 게임 운영 능력이 필요합니다.
될 듯 될 듯 어렵겠지만,
미끄러지고 또 도전하는 지루한 반복이
당신의 게임 운영 능력을 키우는 여정이라는 걸 잊지 마세요.
그 과정이 바로 필드 골프를 준비하는 과정입니다.

필드는 더욱 버라이어티하거든요.

GATE 22 : 골프력 게임 전 과목 80점 통과

빈 스윙 매주 1천 번 / 월 5천 번 / 연 5만 번

첫째 주: 프로 시합 갤러리로 다녀오기

☐ '골프는 18회 미니시리즈 드라마' 강의를 듣고 자신만의 드라마 연출을 구상해 보기

둘째 주

☐ 스크린골프 75타 도전

셋째 주

☐ 튜터링 실습 / 초보자 스크린골프 게임 안내

넷째 주: S-TUTOR 월례회 참석

☐ 빈 스윙 10만 번 완료 / 빈 스윙 지도자 인증서를 받는다.

☐ 빈 스윙 10만 번을 기념하는 글을 쓴다.

☐ '빈 스윙 모임 조직'에 대한 강의를 듣고 빈 스윙 모임을 하나 만든다.

▶ 행복골프 콘텐츠 QR 링크

골프는 18회
미니시리즈
드라마

빈 스윙 모임
조직

° 갤러리

골프를 느끼는 좋은 방법의 하나는 프로들의 시합을 직접 보는 것입니다.
'와, 저 사람들 진짜 잘 친다'만 느끼고 오면 볼 필요 없는 걸 보고 온 겁니다.
잘 치는 것은 당연한 겁니다. 밥 먹고 그것만 하는 사람들이 못한다면 그게 이상한 거죠.
'기계 같은 스윙을 하는 그들도 실수하는구나'를 볼 수 있었다면 큰 행운입니다.
그런데 거기까지만 보는 것도 헛것을 본 겁니다.
그 실수에도 불구하고 파를 세이브를 해냅니다.
보기를 했더라도 정신줄을 놓지 않고 다음 홀에서 버디를 하는 장면까지 봤다면
많은 것을 봤다 할 수 있습니다. 더 주의 깊게 살펴야 하는 것은 집중과 이완입니다.
집중의 깊이와 이완의 리듬을 함께 느낄 수 있다면 더할 나위 없이 좋습니다.

갤러리로 참여해서 프로들의 골프를 보고 느끼는 방법은 몇 가지가 있습니다.
좋아하는 프로가 있다면 처음부터 끝까지 그 사람 하나를 따라다니는 겁니다.
그의 스윙, 그의 실수, 그의 만회, 그의 집중….
쭉 따라가면서 그의 호흡까지도 느껴보는 방법입니다.
그렇게 따르다 보면 어느 순간 혼연일체가 되는 느낌, 그 기억은 오래갈 겁니다.
당신이 라운드할 때 그 사람이 되었다는 느낌으로 라운드를 해 볼 수도요.

다른 방법은 한자리에 머물면서 여러 프로를 관찰하는 겁니다.
다양한 장소를 찜할 수 있지만 숏 게임이나 퍼팅이 한눈에 들어오는 명당을 차지하고
자리를 깔고 앉을 수 있다면 더없이 좋습니다.
한자리에서 흘러가는 풍경을 보듯, 영화를 보듯
이런저런 선수의 태도와 샷을 마음에 담아 봅니다.
그러다 '멋지다, 나도 저 사람처럼 샷을 하고 싶다'라는 느낌이 드는
이미지 멘토를 한 명 발견할 수 있었다면 행운입니다.
사진과 동영상도 많이 찍어 놓으세요.
이미지 트레이닝의 좋은 소재가 됩니다.
갤러리가 되어 보는 것, 90타로 가는 길에 청량제가 될 겁니다.

GATE 23 :한 달 몰아서 튜터링 실습

빈 스윙 매주 1천 번 / 월 5천 번 / 연 5만 번

첫째 주: 빈스윙 / 매주 파3 다녀오기

□ '골프가 행복하려면' 시리즈 강의(행복은 사소하다, 기대와 설계, 성장과 진보, 건강, 삶의
풍요로움)를 듣고 스스로 행복한 일상, 행복한 골프 라이프를 영위하고 있는지 되돌아본다.

둘째 주: 퍼팅 / 숏 게임

□ '골프가 행복하려면' 시리즈 강의를 듣고 자신만의 몸 돌봄 프로그램을 만든다.

셋째 주

□ 공과의 만남 / 게임 안내

넷째 주

□ S-TUTOR 월례회 참석

▶ 행복골프 콘텐츠 QR 링크

행복은 사소하다　기대와 설계　성장과 진보　건강　삶의 풍요로움

°걷기 예찬

골프에서 가장 많이 쓰이는 동작은 뭘까요?
던지기, 털기, 꼼 꼬기, 공 까기….

골프에서 가장 많이 하는 운동은 걷기입니다.

다시 말하면 잘 걷는 사람이 잘할 수밖에 없는 운동입니다.
물론 카트를 타는 시간이 길기는 하지만 그래도 걷는 양이 상당합니다.
골프에 있어 가장 기본이 되는 운동은 걷기입니다.
100타를 깨고 95타를 지나 90타를 향한다는 것은 본격적인
골퍼로서의 삶이 시작되었다는 걸 의미합니다.
이제까지는 골프를 할까 말까? 이게 뭐지?
싶은 모색의 마음이었다면
이제는 골프에 미치는 단계로 접어들었을 겁니다.
이제 본격적으로 골프를 하는 겁니다.
그러려면 몸 돌봄도 본격적으로 시작해야 하는 시점이 된 겁니다.
몸을 돌보고 관리하는 일을 하지 않고 골프를 잘할 방도는 없습니다.
한 사람이 건강한가 아닌가를 보는 여러 기준이 있겠지만
가장 보편적인 기준은 그 사람이 얼마나 잘 걷느냐입니다.
세상에는 걷기 예찬론이 많습니다. 찾아보세요.

잘 걸으면 건강한 겁니다.
또 많이 걸으면 건강해지고 스윙도 좋아집니다.

:깨쩜오 / 초딩 탈출
/ 내 몸에 맞는 클럽 마련하기

빈 스윙 매주 1천 번 / 월 5천 번 / 연 5만 번

첫째 주 : 스윙 및 신체 정밀 측정 / 야간 9홀 다녀오기

☐ '클럽 특강'을 다시 한번 보면서 클럽에 대해 공부한다.

둘째 주

☐ 1차 세팅 / 테스트 / 2차 튜닝

셋째 주

☐ 필드에서 클럽 테스트 해 보기 / 95타 목표

넷째 주

☐ 실전에서의 클럽 테스트 결과를 클럽에 반영하기

° 황당 백화점

옷을 사러 백화점에 갔는데 수많은 브랜드와
그 각각의 브랜드가 만든 제품들이 산처럼 가득합니다.
그런데 제품 하나하나를 보니 모조리 레귤러(R), 미디움(M) 사이즈밖에 없습니다.
드물게 라지(L)와 스몰(S)이 있기는 합니다.
그런 정도의 다양성밖에 없습니다.

황당한 백화점입니다.

골프 클럽 시장이 그러합니다.
"우리는 좋은 물건을 만든다.
그렇지만 사이즈나 스펙을 다양하게 만들 생각은 없어.
너희들이 클럽에 몸을 맞춰가면서 골프를 즐기도록 해봐."

이것이 골프 클럽 제조회사들의 철학입니다.
너무 오래도록 익숙해져 온 시장 문법이기에 누구 하나 문제를 제기하지 못합니다.

초보자에서 상급자에 이르기까지
몸의 변화, 스윙의 성장과 변화는 드라마틱합니다.
그것을 한정된 사양의 기성품으로 대응한다는 것은 어불성설입니다.
처음에는 쉽고 편안한 클럽으로 시작해서 스윙의 변화 발전에 따라
점차 고도화시켜 가는 것이 바른길입니다.
발전이 더딘 사람은 서너 번의 교체로
자신의 골프 라이프 전체를 영위할 수도 있고,
스윙의 변화 발전이 빠른 사람은 훨씬 더 자주
클럽을 수정하거나 교체해야 할 겁니다.

좋은 클럽은 비싼 클럽이 아니라 내 몸과 스윙에 맞는 클럽입니다.
클럽을 피팅해서 쓰는 것이 정답이지만 그것이 아니라면
정기적으로 점검받고,
부분적으로나마 조정하면서 골프를 즐기는 것이 옳습니다.

GATE 25 : 숏 게임 연습에 몰입하라

빈 스윙 매주 1천 번 / 월 5천 번 / 연 5만 번

첫째 주 : 파3 다녀오기
□ (P4 9-game) 36타 이내 치기

둘째 주 : 진천 캠퍼스 다녀오기
□ '집에서 하는 숏 게임 연습' 강의를 듣고 집에서 연습하는 자신만의 방법을 모색한다.

셋째 주 : 스크린 74타 도전
□ '실력에 맞는 숏 게임 기대감' 강의를 듣고 현재 상태에서의 기대 수준을 확립하자.
□ 골프 영화 '캐디쉑'을 보고 감상평을 쓴다.

넷째 주 : GQ quiz 78점 도전
□ 빈 스윙 10.5만 번
□ '숏 게임 감이냐, 공식이냐?' 강의를 듣고 자신만의 관점을 정리한다.

▶ 행복골프 콘텐츠 QR 링크

집에서 하는
숏 게임 연습

실력에 맞는
숏 게임 기대감

숏 게임 감이냐,
공식이냐

골프영화
캐디쉑

°롱 게임 중심주의 vs 숏 게임 중심주의

롱 게임 중심주의: 골프의 어려움을 롱 게임 실력의 향상을 통해 감당해 보려는 깜찍한 발상
숏 게임 중심주의: 숏 게임 실력을 키워 골프 스코어를 향상하려는 기특한 발상

대한민국에서 골프를 시작하는 사람들은 누가 시키지 않아도
학습의 순서를 롱 게임 > 숏 게임 > 퍼팅 게임 순으로 설정합니다.
한 치의 의심도 없이 그렇게들 하고 있고,
왜 그렇게 하냐고 물으면 묻는 사람을 이상한 눈으로 봅니다.
연습의 양도 완전히 롱 게임에 치중해 있습니다.
가히 '사회병리적 현상'이라 부를 만합니다.

행복골프훈련소에서는 숏 게임 우선주의를 강조합니다.
롱 게임은 어떤 경지에 이르기 쉽지도 않고 경지에 이르렀다 하더라도
언제라도 뒷걸음을 칠지 모릅니다.
꾸준히 하되 기대를 낮추고 매 샷도 닦는 심정으로 하라고 가르칩니다.
강조에 강조해도 돌아서면 또 롱 게임을 하고 있습니다.
인상을 팍 쓰면 안다고, 선생님 주장 다 이해한다고,
어찌 되었건 필드에 가면 롱 게임을 먼저 하니,
롱 게임을 조금만 안정시켜 놓고 바로 숏 게임 연습으로 넘어가고
그다음에 퍼팅도 할 것이라고….

저는 낮은 목소리로 속삭여 줍니다.
"여보시게, 드라이버가 조금 안정될 날이 이생에서는 안 올 걸세.
그러니 그런 헛된 기대 말고 진천 숏 게임 훈련소에 가서 숏 게임 칼을 먼저 가시게."

100타를 깨고 싶으면 95타를 치는 수준의 숏 게임 실력을 먼저 쌓고,
90타를 치고 싶으면 85타를 칠 숏 게임 실력을 먼저 쌓는 것이
골프라는 게임을 쉽게 푸는 묘책이라면 묘책입니다.

숏 게임을 잘하면 세컨드 샷이 편해지고,
세컨드 샷이 편해지니 티 샷이 쉬워집니다.

GATE 26 :필드 골프 94타 도전

빈 스윙 매주 1천 번 / 월 5천 번 / 연 5만 번

첫째 주: 스크린 18홀 73타 도전

☐ '숏 게임을 돕는 체조' 강의를 듣고 자신의 숏 게임 체조를 만든다.

둘째 주: 골프력 게임 82점 도전

☐ '그립 특강' 강의를 다시 한번 보면서 자신을 그립을 점검하다.

셋째 주

☐ S-TUTOR 월례회 참석 94타 목표

넷째 주: 야간 9홀 돌기

☐ 빈 스윙 11만 번

▶ 행복골프 콘텐츠 QR 링크

숏 게임을
돕는 체조

°절대 그립(?)

그립은 스윙을 결정하고, 좋은 스윙이 또 좋은 그립을 만듭니다.
'그립이 스윙의 모든 것'이라는 과격한 주장을 하는 선생님들도 있습니다.
모든 배움은 전체에서 부분으로, 부분에서 전체로 끊임없이 상호 작용하면서
변화 발전하고 결국 완성에 이릅니다.
지금까지는 골프 전체를 둘러보고 스윙의 전체적인 틀을 잡는 시간이었다면
이제는 부분으로 돌아와서 그립을 정립할 시간입니다.
처음부터 좋은 그립을 만들어 놓고 골프를 시작하게 하는 것도 방법입니다만,
좋은 그립이 대개는 어색한 느낌을 주기 때문에 오히려
전체 스윙의 형성에 마이너스 요인으로 작동하기도 합니다.
그래서 행복골프훈련소에서는
대충, 적당히, 편하게 클럽을 잡고 시작하도록 하고
골프에 재미도 느끼고 몰입의 정도도 높아졌을 때
그립을 교육하고 좋은 그립으로 안내합니다.

그립도 변화하고 발전합니다.

한 번 좋은 그립을 잡았다고 끝나지도 않고,
그립만 좋다고 모든 것이 해결되지 않습니다.
스윙의 결함을 그립으로 보완하기도 하고, 그립의 불완전성을 스윙이 커버하기도 합니다.
스윙이 평생에 걸쳐 발전시켜가는 것이라면 그립 또한 그러합니다.

'절대 그립'이 있는 게 아닙니다.
그립의 원리를 잘 이해하면 그립의 형태를
'구질을 만들어내는 변수'로 활용하기도 합니다.
짧게 잡는다, 길게 잡는다, 틀어잡는다, 열고 잡는다는 이야기들이 그런 의미입니다.
그래서 그립에 대한 이해의 폭을 넓히는 것은 잘 죽지 않는 공,
위험을 피하는 공을 치는 안전장치가 되기도 합니다.

GATE 27 :스크린골프 72타 도전

빈 스윙 매주 1천 번 / 월 5천 번 / 연 5만 번

첫째 주

☐ 골프력 전 게임 83점 도전

둘째 주

☐ S-TUTOR 월례회 참석

셋째 주

☐ 스크린 18홀 72타 깨기

넷째 주: 스크린골프 두 번 연속 72타 깨기

☐ 빈 스윙 11.5만 번 완료

▶ 행복골프 콘텐츠 QR 링크

골퍼를 돕는
음악

°골프라는 공부

지식이 많은 것이 훌륭했던 시대는 갔습니다.
아는 것이 많은 사람이 존경받던 시대는 갔습니다.

지식은 컴퓨터에, 핸드폰에 넘치고 넘칩니다.
많이 알고 있는 것이 아니라 검색을 잘하는 것이 부러운 시대입니다.

그래서 이 시대의 공부는 지식을 공부하는 것이 아니라
지혜를 공부하는 겁니다.
지혜는 마음의 공부입니다.
더불어 잘사는 지혜….
지식이 속도라면 지혜는 방향입니다.

GOLF ROAD 72

> 마음
>
> 마음 바르게 서면 세상이 다 보인다
> 빨아서 풀 먹인 모시 적삼같이 사물은 싱그럽다.
> 마음이 욕망으로 일그러졌을 때
> 진실은 눈멀고 해와 달이 없는 벌판,
> 세상은 캄캄해질 것이다
> 먹어도 먹어도 배가 고픈 욕망,
> 무간지옥이 따로 있는가.
> 권세와 명리와 재물을 쫓는 자,
> 세상은 그래서 피비린내가 난다
>
> 〈박경리〉

골프는 마음공부를 하고
지혜를 닦기에 좋은 소재입니다.

123

첫째 주

□ 파3 혹은 진천 캠퍼스 다녀오기

둘째 주

□ 야간 9홀 다녀오기

셋째 주

□ 스크린 18홀 72타 깨기

넷째 주 : S-TUTOR 월례회

□ 빈 스윙 12만 번 완료

▶ 행복골프 콘텐츠 QR 링크

골퍼를 돕는 글

°관계, 재미, 의미

뭔가를 꾸준히 한다는 것은 참 어렵습니다.
그것은 의지의 문제만이 아닙니다.
그 에너지는 '관계와 재미와 의미'가 결합한 결과물일 겁니다.

인간을 사회적 동물이라 합니다.
조금 극단적 주장일 수 있으나 골프 연습이 지속적이기 어려운 것은
혼자 하기 때문입니다.
수영도 에어로빅도 헬스도 GX 가 있습니다. 조기 축구도 모여서 합니다.
무언의 약속 때문에 힘들어도 몸을 움직입니다.
커뮤니티는 서열이 존재합니다. 서열은 경쟁을 유발합니다.
바로 옆에 있는 누군가를 이기고 싶거나,
지기 싫은 것이 아주 구체적 에너지가 됩니다.
커뮤니티(관계) 속에 자리하는 것이
골프를 지속하고 성장할 가능성을 훨씬 키워 줍니다.

골프를 꾸준히 하게 하는 또 하나의 에너지는 재미입니다.
스코어의 향상이라는 것이 가장 큰 재미의 요소지만
너무 일정하지 못하고 일상으로부터 너무 멀리 떨어져 있습니다.
소소하고 일상적인 성취의 재미, 잔잔하면서 자극적인 재미가 있어야 합니다.
그래서 세분된 미니 게임들과 스크린골프 게임이 배치된 겁니다.
게임에 몰입하고 그 성취를 즐기다 보면
커다란 성취를 이루게 되는 구조화가 필요한 거죠.

뭔가를 지속하게 하는 또 하나의 힘은 의미인데
골프 그 자체가 이미 내포하고 있습니다.
골프하는 사람들이라는 사회적 범주가 이미 의미이죠.
사회에서 '골프 하는 사람들'은 이미 성공한 사람,
성공할 가능성이 큰 사람을 의미합니다.
그 속에 들지 못한다는 불안감 혹은
그 속에 있다는 안도감이 분명 존재합니다.
골프 자체가 내포하고 있는 의미의 힘으로
보기 플레이어까지는 어찌 되었건 갑니다.
그렇지만 그 힘만으로 싱글로 갈 수는 없습니다.

더 큰 의미 부여가 필요합니다.

GATE 29 : 골프력 게임 전 과목 85점 돌파

빈 스윙 매주 1천 번 / 월 5천 번 / 연 5만 번

첫째 주 : 골프력 게임 전 과목 85점 넘기 도전

☐ 모자라는 과목 집중 훈련

둘째 주

☐ 스크린 다른 코스 3곳 72타 도전

셋째 주

☐ 야간 9홀 돌기

넷째 주 : S-TUTOR 월례회 참석

☐ 빈 스윙 12.5만 번 완료

▶ 행복골프 콘텐츠 QR 링크

행복한 골퍼를
위한 여행

다가서면 멀어지는 그대

열 번 넘게 골프장을 드나들면
차를 어디에 세우는지 체크인은 어떻게 하는지
퍼팅 연습을 위해 자신의 클럽은 어디에서 찾아야 하는지,
캐디는 무슨 일을 하는지 대충 파악이 됩니다.
골프장에서의 어색함이 현저히 줄어듭니다.
불편함보다 익숙함이 조금은 앞섰다고 볼 수 있겠죠.
이제는 덜 허둥거리고 떨림도 줄어들고 조금 골퍼 티가 납니다.
그것이 90대 스코어를 낼 수 있는 아주 기본적인 전제 조건입니다.
당황하거나 얼어 있으면 애당초 실력을 발휘할 수 없잖아요.
99든 93이든 90대 스코어를 너무 쉽게 생각하지 마세요.
통계에 따르면 미국에서 골프 치는 사람의 80%가
진정한 의미에서의 깨100을 못 해보고 골프 라이프가 끝났다고 합니다.
100타를 넘어서는 일이 골프를 시작한 이래
가장 힘겨운 관문이었다는 고백도 많습니다.
'꼭 몇 타를 쳐야지!'라는 의지가 작동하면 더 힘들어지는 것이 골프입니다.
다가서면 멀어지는 그대.
'언제 그분이 오시려나?' 하는 약간의 기대와 설렘으로 라운드를 하세요.
욕심 넘치는 바람이 아니라
'설레는 기다림'이 90타에 이르는 지름길입니다.

GATE 30 : 골프력 게임 전 과목 연속 85점 돌파

빈 스윙 매주 1천 번 / 월 5천 번 / 연 5만 번

첫째 주

☐ 골프력 게임 전 과목 연속 85점 돌파

둘째 주

☐ 파3 다녀오기(6)

셋째 주

☐ GQ test 79점 도전

넷째 주: 야간 9홀 다녀오기(6.5)

☐ 빈 스윙 13만 번 완료

▶️ 행복골프 콘텐츠 QR 링크

골퍼를 괴롭히는
백스윙 착각

°잔디만 보면

몇 번의 라운드 만에 90대 스코어를 기록하고 계시나요?
스무 번 이하면 정말 잘하신 것이고, 서른 번이라고 하더라고 나쁜 결과는 아닙니다.
그리고 완전한 보기 플레이까지 가기 전이라면
또 100타를 넘나드는 일이 종종 있을 겁니다.
이제 웬만하면 100타를 넘지 않는다는 경지는
사실 보기 플레이어의 영역입니다.
오히려 100타 안쪽으로 치는 일이 자주 있다면
대한민국에서 50% 안에 드는 골퍼가 되었다는 것에 자부심을 느껴도 좋습니다.
진정한 보기 플레이어는 20%가 안 되고,
싱글 플레이어는 1% 미만이라는 것이 정확한 통계입니다.

100타에서 90타에 이르는 이 길이
골프 라이프에서 가장 빛나고 행복한 순간들입니다.
길 가다가 푸른 잔디만 봐도 공을 치고 싶고
어프로치 연습을 하고파지는 시간입니다.
경험하는 만큼 깊어지고, 노력하는 만큼 성장합니다.
자신감이 충만하고, 한편으로 골프가 만만해 보이기까지 합니다.
지금 이 순간 골프가 그리 호락호락하지 않다는 이야기를 드리고 싶지는 않습니다.
지금의 기쁨을 만끽하시고 골프의 꽃길을 걸으며 행복을 만끽하십시오.
단, 지금부터는 '골프의 미스 샷을 해석하는 능력'을 배양하실 것을 제안합니다.
골프의 실력은 결국 해석력이기 때문입니다.

인생을 성공적으로 살아낸 사람들의 공통점은
누구에게나 공평하게 찾아오는 시련과 난관을
올바르게, 긍정적으로 해석하는 능력을 갖추고 있더라는 겁니다.
행운을 겸허히 받아들이고 불운을 바르게 해석해 내는 능력이
당신의 골프를 성장시킬 겁니다.
실수를 해석하는 능력의 배양은
골프뿐 아니라 당신의 삶의 질이 향상하는 거름이 될 겁니다.

첫째 주 : 파3 혹은 진천 캠퍼스 다녀오기

☐ '응급상황의 처방들' 강의를 듣고, 응급상황에 대한 자신만의 대처법을 정리해 둔다.

둘째 주 : 비거리 늘리기 도전

☐ 남자 200m, 여자 150m

☐ '비거리 늘리기' 특강을 보면서 비거리 늘리기에 도전한다.

셋째 주

☐ 야간 9홀

넷째 주 : 필드 골프 92타 도전

☐ 빈 스윙 13.5만 번 완료

▶ 행복골프 콘텐츠 QR 링크

응급상황
처방들

비거리
늘리기

°불편한 돌멩이

친구들과의 친선 골프와는 달리
행복골프훈련소의 월례회는 대회의 성격을 띠고 있습니다.

사나운 물살을 건널 때 아이들에게 무거운 돌멩이를 안고 건너게 합니다.
무게가 있어야 물살에 휩쓸리지 않는다는 거죠.
아이들에게 돌멩이는 불편입니다. 불편하겠지만 그것이 자신을 살립니다.
골프에 있어서 룰이라는 것, 규칙이라는 것, 사실 불편한 겁니다.
그렇지만 드넓은 벌판에서 그런 규칙이 없으면
게임 자체가 성립될 수가 없습니다.
그래서 적당히 편하게가 아니라 일정한 형식을 갖추고 라운드를 하는 겁니다.
그리고 일정한 형식 속에서 라운드해야 자기 실력의 변화를 냉정하게 볼 수 있습니다.
행꼴 월례회를 10번 정도 참석을 하면 6개월에서 1년을 꾸준히 참석했다는 의미입니다.
과정을 찬찬히 둘러보면 스스로 잘하고 있는지,
훈련 과정에 문제가 없는지를 가늠할 수 있습니다.
꾸준히 하다 보면 관리의 지표가 만들어지고 지침이 마련됩니다.
함께 가는 여러 사람이 있기에 비교도 되고, 조언을 해주는 사람도 만날 수 있습니다.
같은 골프장에서 반복적으로 한다는 것도 커다란 장점입니다.
행꼴 월례회는 철저히 잘 치는 사람을 시상하는 것이 아니라 향상된 사람을 시상합니다.
그러니 하다 보면 수상의 행운을 누릴 수도 있습니다.

GATE 32 :프리 샷 루틴 확립하기

빈 스윙 매주 1천 번 / 월 5천 번 / 연 5만 번

첫째 주: 연습 단계에서 프리 샷 루틴 더욱 단단하게 확립하기

☐ '루틴의 일관성이 실력이다' 강의를 듣고 자신만의 루틴을 설계하고 연습을 통해 확립한다.

둘째 주

☐ 게임 상태에서 프리 샷 루틴 확립하기

셋째 주

☐ 진천 캠퍼스 숏 게임 연습

넷째 주: S-TUTOR 월례회 참석

☐ 빈 스윙 14만 번 완료

▶️ 행복골프 콘텐츠 QR 링크

루틴의 일관성이
실력이다

° 연습과 연구

사람들은 골프 연습장에 들어서서 무엇이라도 하고 있으면
그것을 연습하고 있다고 이름합니다.
그런데 사람들 대부분은 연습하고 있지 않습니다.
무슨 소리인가 싶으시겠지만
연습의 목적을 아무 생각이 없는 자동화된 동작을 만드는 것이라고
정의해 보면 쉽게 이해가 될 겁니다.
사실 골프라는 운동의 특성상
휘어가든 굴러가든 어떤 샷이 일정한 경향성(일관성)만 가지고 있으면
상당한 스코어를 낼 수 있습니다.

무심히 여러 번 샷을 했더니
어떤 일관된 경향이 발견되었다.
사실 그것으로 된 겁니다.
그것을 고치도 다듬는 일은 시간과 노력이 많이 드는 일입니다
장기적인 플랜을 가지고 해결해야 하는 거죠.
그런데 사람들은 똑바로 멀리 가는 공이 정답이라고 미리 단정해놓고
그렇지 않은 공의 궤적을 못 견딥니다.
끊임없이 수정하는 거죠.
그래서 연습이 아니라 연구가 되는 겁니다.
연습의 결과 머리가 맑아지면 연습,
머리가 지끈지끈 아프다면 연구!

한두 시간의 반복으로 어떤 동작이 내 몸에 익혀질 것이란
낭만적인 기대는 하지 마세요.

GATE 33 :튜터링 본격 실습

빈 스윙 매주 1천 번 / 월 5천 번 / 연 5만 번

첫째 주: 빈 스윙
☐ '골프의 지평을 넓히자1'을 보고 자신의 골프 라이프를 글로 정리해 본다.

둘째 주: 퍼팅 / 숏 게임
☐ '골프의 지평을 넓히자2'를 보고 골프를 어떻게 대할지 글로 정리해 본다.

셋째 주: 공과의 만남 / 게임 안내
☐ '골프의 지평을 넓히자3, 4'를 보고 사진찍기를 본격화한다.

넷째 주: S-TUTOR 월례회 참석(12.5)
☐ 빈 스윙 14. 5만 번 완료
☐ '골프의 지평을 넓히자5, 6'을 보고 글쓰기에 대한 생각을 정립해 본다.

▶ 행복골프 콘텐츠 QR 링크

골프의 지평을
넓히자1

골프의 지평을
넓히자2

골프의 지평을
넓히자3

골프의 지평을
넓히자4

골프의 지평을
넓히자5

골프의 지평을
넓히자6

°삶을 비추는 거울

고스톱을 한 시간만 치면 사람을 알 수 있다고 하죠.
바둑을 함께 둬도 사람을 파악한다고 합니다.
바둑이나 고스톱이 대단한 무엇이라서가 아니라
그 속에 우리 자신을 반영하고 있다는 방증입니다.
드러나는 것이 아니라 드러내고 있다는 거죠.
골프도 똑같습니다.
좀 과하다 싶을지 모르지만, 골프의 수준은 삶의 수준이고,
골프를 바라보는 관점은 삶을 보는 관점과 다르지 않다고 봅니다.
골프를 연습하는 태도,
골프의 실수를 대하는 태도,
골프의 승리나 기쁨을 대하는 자세, 타인에 대한 배려심….
고스란히 일상적인 삶의 모습을 투영하고 있을 겁니다.

골프의 공부는 그래서 삶에 관한 공부입니다.
삶이 지극한 복잡계라면 골프는 단순계입니다.
단순하니까 더 쉽게 더 극명하게 드러납니다.
야외이고 게임이니까 체면도 없고 가식도 없이
생으로, 민낯으로 드러나는 거죠.

그렇게 드러난 자신의 모습이 공부 거리가 되는 겁니다.

사소한 일로 흥분하고, 쉬 교만해지고, 터무니없이 용감해지고….
그게 모두 감춰져 있던 내 모습인 거죠.
'내 속에 그런 것들이 아직도 많이 남아 있구나'를 발견하는 재미!
그게 골프입니다.

GATE 34 :스크린골프 완전한 고수

빈 스윙 매주 1천 번 / 월 5천 번 / 연 5만 번

첫째 주

□ 파3 다녀오기

둘째 주

□ 행복골프훈련소 월례회 참석 / 초보자들 튜터링 활동

셋째 주

□ 스크린골프 다른 코스 세 번 연속 72타 돌파하기

넷째 주 : S-TUTOR 월례회 참석

□ 빈 스윙 1.5만 번 완료

150

°응급약 혹은 신경정신과 약

연습의 지침들과 미스 샷에 대한 해석 방식에 대한 이해,
꼭 한 번은 짚고 넘어가야 할 지점에 왔습니다.
구술 혹은 필기시험.
언젠가는 당신이 행복골프와는 다른 자기만의 생각을 정립하실 수도 있지만,
싱글에 이르는 길까지는 행복골프의 해석법을 따라와 보세요.
행복골프의 연습 지침과
미스 샷에 대한 해석법들은
당면한 문제 샷을 해결하기 위해
몸을 치료하는 응급약이기도 하지만
마음을 치유하는 정신의 약이기도 합니다.
골프는 '멘탈 스포츠'라 하잖아요.

행복골프의 해석법은 멘탈을 강화해 주는 효과도 있습니다.

GATE 35 :TUTOR test 준비

빈 스윙 매주 1천 번 / 월 5천 번 / 연 5만 번

첫째 주

☐ 야간 9홀 다녀오기

둘째 주

☐ GQ quiz 80점 돌파

셋째 주

☐ 진천 캠퍼스 숏 게임 연습

넷째 주

☐ S-TUTOR 월례회 참석 / 테스트를 위한 실전 연습 라운드

°샷의 스승

빈 스윙의 효용과 가치에 대한 다양한 의견이 있지만
'행복골프'로 가는 이 길은
빈 스윙에 커다란 심리적, 교육적 의미를 두고 있습니다.
평생의 샷을 하면서 '내가 빈 스윙처럼 하고 있나?'를 묻고자 합니다.

빈 스윙은 하면 할수록 질이 좋아집니다.
모든 운동이 그러하듯 샷을 하는 행위는 무의식적인 행위가 되어야 합니다.
공을 치는 행위가 반사 운동에 가까워질수록
일관성이 향상되고 실수가 현저히 줄어듭니다.
다트를 던질 때 아무 생각이 없듯,
젓가락으로 콩을 집을 때 아무 생각이 없듯,
우리의 샷은 그 길을 따라가야 합니다.
생각이 많을수록 집중력은 떨어집니다.
스윙 연습은 스윙하는 동안
묻어 있는 생각의 군더더기들을 떨어내는 과정이어야 합니다.
스윙 연습의 목적은 아무 생각 없이 스윙하는 경지에 이르는 것입니다.
분명한 사실은 모든 무술의 수련을 그렇게 하고 있다는 것이고,
모든 병기의 훈련을 그렇게 하고 있다는 겁니다.
빈 스윙 10만 번은 그런 의미에서 어떤 상징성을 갖는 사건입니다.
10만 번을 달성하고 나면 무념무상의 경지까지는 이르지 못했을지라도
그 경지의 끝자락 정도는 봤다 할 수 있습니다.
뭐라 말로 설명할 수는 없어도
왜 이 빈 스윙의 길을 걸어야 하는지 이유를 체득했다고 할까요.
암튼 축하합니다.

당신 샷의 스승은 바로 당신의 빈 스윙입니다.
아무 생각 없는 스윙의 자동화된 경지를 향해 고고씽!

GATE 36

:깨구 / 중딩 졸업
/ TUTOR TEST 도전

빈 스윙 매주 1천 번 / 월 5천 번 / 연 5만 번

첫째 주: 야간 9홀
☐ '경사면 샷' 강의를 듣고 관점을 정리하고 연습을 해 본다.

둘째 주
☐ '센츄리21'에서의 연습 라운드

셋째 주
☐ 진천에서의 마무리 연습

넷째 주
☐ 튜터 테스트 도전 / 합격자 교육신청

▶ 행복골프 콘텐츠 QR 링크

경사면 샷

158

˚스크린과 필드 골프의 본질적 차이

골프력 게임에 있어, 롱 게임 숏 게임 퍼팅 게임….

모든 과목에서 평균 80점을 넘는다는 것은 골프에 쓰이는 모든 골프 클럽을 꽤 잘 다룰
수 있게 되었음을 방증하는 것입니다.

모든 과목이 그러하다는 것은 편식하고 있지 않다는 의미고요.

스크린골프의 이야기라고 필드에서도 그러하리라 할 순 없어도, 모든 샷에 자기 나름의
기준과 법칙이 형성되었다고 봐도 무방합니다.

필드라는 야외의 상황은 스크린보다 더 다양한 변수가 있을 뿐입니다.

이제부터는 좀 더 다양한 변수에 적응하는 일이 남아 있는 겁니다.

스크린과 필드의 골프가 가장 극적으로 다른 점은 공이 놓여 있는 자리의 차이입니다.

스크린은 매트 위에 공이 놓여 있습니다. 러프와 벙커를 구별해 놓은 장비들도 있지만,
현실의 차이는 그 정도를 훌쩍 넘어섭니다. 잔디 위에 공이 예쁘게 놓여 있더라도
잔디의 종류가 다릅니다.

바짝 마른 잔디, 비나 이슬에 젖은 잔디, 양 잔디, 조선 잔디….

공이 잔디 위에 보기 좋게 떠 있는 경우는 지극히 예외적입니다.

힘없는 잔디도 있고 잔디 속에 공이 반쯤 잠겨 있는 상황도 허다합니다.

심지어 디봇 자국 위에 놓여 있기도 하죠. 게다가 공이 놓여 있는 자리의 경사까지.

스크린골프도 무빙 플레이트를 깔아 놓은 곳이 있지만, 현실의 경사는 그 정도가
아니죠.

이럴 땐 이렇게, 저럴 땐 저렇게 말로 설명할 수 있는 정도가 아닙니다.

그 모든 상황에의 대처 방법을 실수와 실패를 통해 감으로 익혀야 합니다.

그래서 스크린골프는 싱글인데 필드 스코어는 90타 대수를 칠 수밖에 없는 겁니다.

'스크린에서는 되는데 필드에서는 왜 안 될까?' 하는 물음은 우문입니다. 당연한 겁니다.

실패와 좌절, 시행착오의 시간이 꽤나 필요한 겁니다.

공이 놓인 자리의 다양성만큼 공이 떨어질 자리의 다양성도 엄청납니다.

필드 골프가 스크린골프보다 공이 놓인 자리의 다양성이 5배 정도 된다고 가정하면
공이 떨어질 자리도 5배의 다양성을 가지고 있습니다.

그럼 스크린골프에 비해 필드 골프는 25배의 다양성에 대처해야 하는 겁니다.

바람의 방해와 비와 햇빛의 장애를 이야기하지 않더라도 그 수많은 다양성에 대해 자기
나름의 감을 획득해 가는 지난한 과정이 당신을 기다리고 있는 겁니다.

하지만 너무 염려하지 마세요. 골프의 매력에 푹 빠진 당신은 그 장애들을 넘어설
에너지를 이미 가지고 있습니다.

장애가 매력이 되는 곳까지 이미 와 버리셨습니다.

GATE 37 :제주 1/2 TUTOR 연수 참가

빈 스윙 매주 1천 번 / 월 5천 번 / 연 5만 번

첫째 주: 골프력 게임 88점 도전

☐ '행복골프튜터협회 안내' 강의를 다시 한번 보면서 자신의 활동을 계획해 본다.

둘째 주

☐ GQ test 85점 도전

셋째 주

☐ 스크린 70타 깨기 도전

넷째 주: 제주 튜터 1/2 교육 참여

☐ 빈 스윙 15.5만 번

☐ 영상: GQ quiz 준비

☐ 관련 책/자료: 교재 공부

°실수의 아픔

숏 게임에서도 여러 가지 클럽을 씁니다.

우드를 쓰기도 하고 8번 아이언, 9번 아이언, 심지어 퍼터를 쓰기도 합니다.

숏 게임은 웨지, 그것도 특정한 하나의 웨지로 한다는 생각을 버려야 합니다.

여러 가지 클럽을 쓰는 이유는 간단합니다.

그린 주변의 상황에 따라 여러 가지 구질을 구사해야 하기 때문입니다.

띄워서 갈 것인가? 낮게 굴리고 갈 것인가?

브레이크가 걸리면서 가게 할 것인가? 구름이 좋게 가게 할 것인가?

선택의 기준은 물론 안전성과 확률입니다. 실수했을 때의 비극의 크기도 고려해야
합니다.

당신은 늘 좋은 샷을 치는 사람이 아니니까요.

어떤 구질을 선택할 것인가에 따라 상상한 샷을 구현하기에 가장 적합한 클럽을
선택하는 겁니다.

풍부한 상상력과 창의력이 필요한 순간이지만 선택을 하기에 앞서 꼭 고려해야 할
상황은 공과 핀 사이에 어떤 위험 요소가 있는가입니다.

벙커, 깊은 러프, 높은 언덕 등이 대표적인 장애입니다.

그리고 반드시 확인해야 할 것은 공이 놓여 있는 상태입니다.

애초에 띄운다는 것이 대단히 어려운 상태로 공이 놓여 있다면 띄우는 샷을 포기해야
합니다.

지금까지의 연습량과 라운드 경험을 볼 때 그렇게 어려운 샷을 할 만큼 당신은 준비되어
있지 않습니다.

대체로 공을 띄워서 보내는 3차원(3D) 운동보다, 굴리고 가는 2차원(2D) 운동이
안전합니다. 그리고 실수의 아픔이 적습니다.

되도록 굴리고, 굴리기 어려운 상황이라면 띄운다는 원칙을 지키는 것이 좋습니다.

하나의 클럽만으로 모든 상황을 감당하겠다는 것 또한 무모합니다.

숏 게임 전문 연습장에서 다양한 클럽, 다양한 구질을 경험하세요.

GATE 38 :TUTOR 월례회 첫 참여

빈 스윙 매주 1천 번 / 월 5천 번 / 연 5만 번

첫째 주

□ 스크린 18홀 70타 도전

둘째 주

□ 골프력 게임 전 과목 연속 88점 도전

셋째 주: 진천 캠퍼스 다녀오기

□ 튜터 시험 통과 후기 작성

넷째 주: TUTOR 월례회 참석 / 88타 도전

□ 빈 스윙 16만 번

°연습 지상주의 vs 실전 중심주의

사람들의 골프 라이프를 가만히 보면 크게 두 가지 부류로 나눠 볼 수 있습니다.
연습을 골프 라이프의 중심에 두고 있는 사람과 실전 골프를 중심에 두는 사람, 물론 양자
사이의 균형을 잘 유지하고 있는 사람도 많습니다.
사실 당신이 호주나 뉴질랜드에 살고 있다면 실전에 더 많은 비중을 두는 것이 좋다고
권하고 싶습니다. 골프장이 싸고 가까이 있기 때문이지요.
하지만 대한민국의 현실은 골프가 비싸고 멀리 있습니다.
이것은 골프에 접근하는 방식 선택에 선택지가 그리 다양하지 않음을 이야기하고 있는
것이죠.
샷의 완전함이나 자신감을 갖추지 않으면 실전을 자제하겠다는 연습 지상주의나
주야장천, 게임의 재미에 몰입하는 실전 중심주의, 모두 배격해야 한다고 선언(?)하는
바입니다.
양극단은 모두 골프의 본질로부터, 현실로부터 유리된 주의와 주장이고 그만큼 행복한
골프로 가는 길에서 멀어져 고생길로 접어든 겁니다.
골프는 본질적으로 놀이이고 게임입니다.
그래서 〈골프 교본〉도 '게임을 중심에 놓아야 한다'는 것에 동의합니다.
거칠게 이야기하자면 6:4 혹은 7:3 정도로 게임의 비중이 높아야 한다고 봅니다.
게임이 6이고 7인 거죠. 모든 연습은 게임을 위한 연습이어야 합니다.
연습을 위한 연습은 안 됩니다.
그렇지만 〈골프 교본〉이 주목하는 부분은 게임의 비효율성입니다.
스크린골프만 하더라도 2시간, 필드 골프는 반나절 어쩌면 하루를 꼬박 잡아야 합니다.
게다가 18홀 게임은 너무나 다양한 요소들을 종합해 놓은 게임입니다.
18홀 게임은 당신에게 부족한 부분을 집중적으로 학습하게 하는 기능은 없습니다.
그래서 게임은 게임이되, 주제가 명확하고 짧고 임팩트가 강한 학습용 게임을 배치하는
것이 옳다는 생각입니다.
지금도 여러 가지 학습용 게임을 개발했습니다만
골퍼들의 즐거운 수련을 위하여 더 재미있고 다양한 게임형 연습 프로그램의 개발에
매진하고 있습니다.

첫째 주: 스윙 만들기 튜터링 실습

☐ '절대 죽지 않는 샷' 강의를 듣고 골프에서의 선택 문제에 대한 생각을 정리한다.

둘째 주

☐ 퍼팅 & 숏 게임 튜터링 실습

셋째 주

☐ 롱 게임 & 게임 튜터링 실습

넷째 주: 야간 9홀 라운드

☐ 빈 스윙 16.5만 번 완료

▶ 행복골프 콘텐츠 QR 링크

절대 죽지 않는
샷

°실수의 게임

필드 골프 서른 번이면 600만 원 이상 투자하신 거죠?
지금 어디까지 가 있으신가요?
100타를 깨셨나요? 아니면 아직 아득한 상태인가요?
어느 쪽이든 상관없습니다.
골프의 성장 과정을 볼 때 양의 축적이 중요한 순간과
질적인 성취나 성적의 달성이 중요한 순간이 있습니다.
지금은 양을 축적하는 시기입니다.
서른 번이라는 것은 한 달에 한 번 정도 필드를 나가는 사람에게는 3년이 걸릴 과제이고
월 2회씩 필드를 다닌다고 해도 1년 반에 걸쳐 풀어야 하는 숙제입니다.
지금은 아무 생각 없이 양을 축적하시면 됩니다.
산을 오르다 보면 오르막과 내리막, 모퉁이와 절벽 등 드라마틱한 순간들도 많지만
그저 덤덤한 길, 지루한 길도 있습니다.
아마도 지금의 그 길은 그저 평탄한 길은 아닐 겁니다.
거듭되는 실수와 실패로 곤혹스러운 상태일 겁니다. 괜찮습니다.

골프는 실수의 게임입니다.

외판 사원들의 영업실적을 가늠할 때,
거절의 횟수로 실적을 관리했더니 더 큰 성과를 내더라는 이야기와 일맥상통합니다.
골프라는 것이 생각과 논리로 파악하고 이해해서 성장하는 면도 있지만
실은 온몸으로 실수와 실패를 체험함으로써 성장하는 측면이 더 큰 겁니다.
축적된 실수의 양이 스코어입니다.
실패와 실수를 통해 얻은 경험적 지혜가 실력이라는 거죠.
평생의 골프가 그러합니다. 성공의 샷, 만족의 샷보다는 실수가 훨씬 더 잦을 겁니다.
골프의 온갖 상황에서 별의별 실수를 다 해본 사람은
실수에 대한 내성이 생기고 실수에 너그러워집니다.
인생의 우여와 곡절을 많이 겪어본 사람이
웬만한 장애에는 꿈쩍도 하지 않는 것과 같은 이치입니다.
지금 실수에 대한 내성을 키우고 있는 겁니다.

GATE 40 :필드 골프 87타 도전

빈 스윙 매주 1천 번 / 월 5천 번 / 연 5만 번

첫째 주: 파3 혹은 진천 캠퍼스 다녀오기

☐ '여섯 명의 그분' 강의를 듣고 그동안 자신에게 찾아왔던 '그분'에 대해 글을 써 본다.

둘째 주

☐ 야간 9홀 다녀오기

셋째 주

☐ 튜터링 실습

넷째 주: TUTOR 월례회 / 87타 도전

☐ 빈 스윙 17만 번 완료

▶ 행복골프 콘텐츠 QR 링크

여섯 명의
그분

그분이
오셨습니다

°미친 열정

필드 골프에서 100타를 깨고 90타에 이르는 길은
골프 인생에 있어 가장 멀고 아득한 길일지도 모릅니다.
아마, 골프 자체가 품고 있는 지독한 매력이 없다면 쉬이 갈 수 없는 길일 겁니다.
가만히 있는 공을 빤히 보이는 곳에 떨어뜨리는 너무 단순하고 쉬운 일을 하면서,
정말 어처구니없는 실수를 범하고 마는 우리.
내가 잘했을 때의 뛸 듯한 기쁨과
남이 실수했을 때의 기대치 않았던 흐뭇함(?)이 교차합니다.
애당초 어렵게 느껴지는 일이 안 되면 사람들은 쉬 포기합니다.
그리고 그것을 해야 할 이유도 없습니다.
그런데 이까짓 것 싶은 단순한 일이 뜻대로 안 되면 사람들의 반응은 어떤가요?
"어? 이게 왜 안 되지? 다시 해 볼게." 아닌가요?
만일 옆에서 누군가 보고 있었다면
"야야, 그게 그렇게 안 되냐? 비켜봐, 내가 해 볼게."라면서 덤빌 테죠.
100타에서 90타에 이르는 길, 그런 무모하고 미친 열정으로 가는 길입니다.
또 그 구간은 노력하면 그것에 비례해서 성과가 쉬이 나타나는 착한 구간이기도 합니다.
뒤집어 이야기하면 그 '단순한 일에의 미침'이나 '꾸준한 노력'이 뒷받침되지 않으면
골프 인생 전체를 거기서 보내고 마는
'마의 고개'가 될 수도 있다는 뜻입니다.
그 길에 들어선 사람이 너무 많고 그 사람들을 하나로 뭉뚱그려 부르기도 어려워서
중간 이름을 하나 정했습니다.

이른바 쩜오, 95타라는 관문입니다.

거리상으로는 중간 지점이지만 고생스러움이란 관점에서 보면
90타에 이르는 길의 1/3 지점쯤을 지나시는 겁니다.
아직 2/3가 남았습니다.
하지만 용기를 잃지는 마세요.
고지가 저기 보입니다.

GATE 41 : 스크린 다른 세 코스 70타 도전

빈 스윙 매주 1천 번 / 월 5천 번 / 연 5만 번

첫째 주

☐ 골프력 게임 전 과목 90점 넘기 도전

둘째 주

☐ 스크린 다른 코스 3곳 70타 도전

셋째 주

☐ 야간 9홀 돌기

넷째 주: TUTOR 월례회 참석 / 86타 도전 / 성공사례 발표

☐ 빈 스윙 17.5만 번 완료

° 위험 구간

당신은 이제, 90타를 깬다는 골프 인생의 중요한 관문의 통과를 앞두고 있습니다.
이제까지의 골프가 '맹목적인 전진'이었다면
이제는 차분하게 꼼꼼히 수렴하는 기운으로 골프를 대하셔야 합니다.
골프가 그리 만만치 않습니다.
골프에 있어 길을 잘못들 가능성이 가장 큰, 위험한 구간입니다.
발을 잘못 들여놓으면 전혀 엉뚱한 길로 들어서서 개고생할 수도 있습니다.

친구들과의 명랑 골프, 내기 골프, 음주 골프만으로는
골프 라이프의 올바른 방향성을 견지하기도 힘들고,
전혀 엉뚱한 길로 접어들 위험성이 많습니다.

라운드를 꽤 했기에 '골프 별거 아니네' 하면서 교만해지기도 쉽고,
실제 이상으로 골프를 어렵게 인식해 피해망상이 되기도 합니다.
둘 다 경계해야 할 마음입니다.
친구들과 내기 골프를 하다 보면 '롱 게임 중심주의'로 훅 빠지기도 하고,
'거리 욕심'에 스윙과 몸을 망치기도 합니다.
롱 게임 중심주의와 거리 지상주의.
절대 발을 들여놓으면 안 되는 똥통이자 '늪'입니다.

행꼴 월례회를 자격시험을 대비한 모의고사로 인식하기를 바랍니다.
한 라운드 한 라운드를 즐거이 대하되 신중함을 잊지는 마세요.
그날의 시험을 위한 예습이라 생각하고 집중하되 무거워지지는 마십시오.
라운드를 지속할수록 자신의 강점과 약점이 또렷이 드러날 겁니다.
잘하는 것을 더 잘하기보다는
모자라는 것을 철저히 발굴해서 보완하는 전략을 취해야 합니다.
기록은 꼭 남기세요.

GATE 42 :골프력 게임 전 과목 연속 90점 돌파

빈 스윙 매주 1천 번 / 월 5천 번 / 연 5만 번

첫째 주

☐ 골프력 게임 전 과목 연속 90점 돌파

둘째 주

☐ 파3 다녀오기

셋째 주

☐ GQ quiz 88점 도전

넷째 주 : TUTOR 월례회 / 85타 도전

☐ 빈 스윙 18만 번 완료

°코스 디자이너와의 대화

필드 골프에서 이븐파는
코스 디자이너와 대화하는 수준이라 이해하면 됩니다.
골퍼로서 최고의 경지에 이른 것을 의미합니다.
골프장은 자연이지만 그냥 자연이 아닙니다.
미적으로는 세상에서 가장 멋진 정원을 만들고자 하는 의도가 스며 있는 공간이자,
박진감 넘치는 게임을 위해 고도로 계산된 공간입니다.
나무 한 그루, 연못 하나가 그냥 있는 것이 아닙니다.
멀리 보이는 절벽도 의도된 것이고 오르막과 내리막도 전략적 고려의 산물입니다.
큰 나무를 심어서 가는 길을 방해하고,
깊은 벙커를 만들어 핀을 직접 공략하는 사람의 심장을 시험합니다.
코스 디자이너는 끊임없이 질문하고 있습니다.
너 200m 이상 보낼 수 있어? 페이드 칠 줄 알아?
공을 얼마나 잘 띄우니? 모험할래? 아니면 피해 갈래?
코스 디자이너가 무엇을 이야기하고
어떤 의도로 코스를 만들었는지
전혀 알지 못하고 그저 자기 하고 싶은 대로 치고 있는 것이 100타,
어렴풋이 의중이 들리기는 하지만 에라 모르겠다고 샷을 하는 것이 보기 플레이,
알아듣고 나름의 전략으로 대화를 이어가는 것이 싱글.
대화하면서 자기중심으로 이야기를 끌고 가는 힘을 갖게 되는 것이 이븐파의
경지입니다.
코스 디자이너의 이야기를 들으면서 농담도 하고 놀려먹는 수준을
프로라 이야기할 수 있을까요?

필드 골프를 그대로 옮겨 놓은 스크린골프의 구조도 마찬가지입니다.
필드를 카피한 것이기에 필드만큼 생생하게 코스 디자이너의 이야기가 들리지는 않지만,
스크린골프라 하더라도 그의 이야기를 들으려는 노력을 시작해야 합니다.

스크린골프 싱글이고 이븐파에 근접하고 있다는 것은
필드 골프의 내공이 보기 플레이어에 접근하고 있다는 방증입니다.
이제는 코스 디자이너의 이야기에 귀를 기울이기 시작해야 합니다.

들으려 애써야 들리는 겁니다.

GATE 43 :드라이버 비거리 200m 돌파

빈 스윙 매주 1천 번 / 월 5천 번 / 연 5만 번

첫째 주

☐ 진천 캠퍼스 다녀오기

둘째 주: 비거리 늘리기 도전

☐ 남자 210m, 여자 160m

셋째 주

☐ 야간 9홀

넷째 주: TUTOR 월례회 / 85타 도전

☐ 빈 스윙 18.5만 번 완료

° 자동화

줄넘기를 20만 번쯤 하면 상태가 어떨까요?

다트를 20만 번쯤 던졌다면 어떤 경지에 이르러 있나요?

빈 스윙을 20만 번 달성한 지금의 상태는 어떤가요?

줄넘기의 경지나 다트의 경지에 비교해 보면 어떤가요?

얼마나 무념무상에 가까워져 있나요?

스윙을 생각이 아니라 느낌으로 하고 있나요?

생각의 군더더기들이 얼마나 제거되었나요?

잘 털고 있나요? 소리는 잘 나나요?

궤도는 올바른가요?

소리 조절 능력은 늘었나요?

온몸으로 하고 있나요?

로테이션은 물 흐르듯 되고 있나요?

빈 스윙을 20만 번 했다면 스윙이 나름 경지에 이르고
완전하지는 않지만 반쯤은 자동화된 동작이 되어 있을 것입니다.
샷을 함에 있어 비로소 빈 스윙이 자기 스승임을 깨닫기 시작했을 것입니다.
샷을 하고 자연스럽게 '빈 스윙처럼 했나?'를 묻게 된다면
바른길로 가고 있다고 할 수 있습니다.
90타를 향하는 길에 스코어는 들쭉날쭉해지고 있을 것이고
어쩌다 100타를 넘는 날도 있을지 모르겠습니다.
자동화가 미완성인 상태에서 얻은 90타는
진정 자신의 것이 아니라 생각하는 것이 옳습니다.
자동화의 과정을 꼼꼼하게, 철저히 다지고 넘은 90과
그렇지 않고 도둑처럼 찾아온 90은 같지 않습니다.
자동화의 완성도가 높은 90은 꽤 단단한 90이 되어 있을 겁니다.

스코어는 신기루입니다.

그것을 등대로 삼아서는 골프의 먼 길을 항해하기 어렵습니다.
자신이 몸으로 실천한 것, 그 과정에서 직접 경험한 것,
땀으로 얻은 성과만을 믿고,
그것을 나침반 삼아 한 걸음 한 걸음 나아가야 합니다.

GATE 44 :GQ test 90점 돌파

빈 스윙 매주 1천 번 / 월 5천 번 / 연 5만 번

첫째 주

□ GQ test 90점 돌파

둘째 주

□ 진천 캠퍼스 숏 게임 연습

셋째 주

□ 야간 9홀

넷째 주 : TUTOR 월례회 / 84타 도전

□ 빈 스윙 19만 번 완료

°꿈 너머 꿈

누구나 꿈이 있죠.
골프를 시작하고 골프의 재미에 푹 빠질 때쯤이면
아주 강렬한 '골프의 꿈'이 생깁니다.
잘 치고 싶다거나,
더 마음 편히 골프를 칠 수 있는 조건과 상황을 만들고 싶다거나
한 발 더 나가면 골프장을 하나?

대부분 꿈은 '나'를 주어로 합니다.
나의 성취를 꿈꾸는 것이죠.
그런 꿈의 성취 여부는 개인적인 역량,
개인 에너지의 총량으로만 이룰 수 있습니다.
그 한계를 넘을 수가 없는 거죠.
개인 역량 혹은 에너지가 강한 사람은
그것만으로도 많은 것을 이루기도 합니다만
그렇지 못한 보통 사람들의 성취는 대부분 미미합니다.

그래서 꿈 너머 꿈이 필요한 겁니다.

개인적 성취를 넘어선 꿈,
집단적인 연대의 꿈, 공동체적인 꿈, 사회적 공헌의 꿈!
그런 꿈들은 나의 역량을 넘어선 어떤 에너지를 불러 모으고 끌어들입니다.
도저히 불가능할 것으로 여겨졌던 것을 집단 에너지로 이뤄내는 거죠.
아름다운 꿈은 그 자체로 에너지 덩어리인 겁니다.

사실 저의 골프도 그저 싱글을 가끔 치는 수준에 머물 뻔했는데
'많은 사람이 골프를 좀 더 쉽고 재미있게 즐길 수 있게 돕고 싶다'라는
원을 세우자 지금의 골프로 성장할 수 있게 되었고 그것이 사업이 되었습니다.

어렵지 않습니다.
골프를 잘 치고 싶다는 바람의 진짜 '이유'를 찾아가면 됩니다.
왜 잘 치고 싶은지? 그래서 어쩌자는 것인지?
당장 답이 어렵더라도 꾸준히 묻다 보면 어느 순간 문득 이유가 떠오를 겁니다.

그것이 바로 꿈 너머 꿈입니다.
그 꿈을 등대 삼아 나아가다 보면 골프의 더 큰 성취로 결과할 겁니다.
튜터링을 적극적으로 권장하는 이유도 사실, 꿈 너머 꿈을 만드는 과정 일부이고
그것이 당신의 골프를 건강하고 단단하게 만들어 줄 것이라 확신합니다.

GATE 45 :Tutoring 실습(2)

빈 스윙 매주 1천 번 / 월 5천 번 / 연 5만 번

첫째 주
□ 빈 스윙

둘째 주
□ 퍼팅 / 숏 게임

셋째 주
□ 공과의 만남 / 게임 안내

넷째 주: TUTOR 월례회 / 84타 도전
□ 빈 스윙 19.5만 번 완료

° 숏 게임 기대 수준

숏 게임을 연습하면서도 무작정 핀에 붙이는 것이 중요한 것이 아니라
자신의 실력에 맞는 합격과 만족의 기준이 명확해야 합니다.
핀까지 남은 거리에서 40% 이내에 보내면 100타,
30% 이내에 보내면 쩜오, 20% 이내로 붙이면 보기 플레이어,
10% 내에 붙이면 싱글. 이렇게 이해하고 연습하면 됩니다.
50m가 남았다면 20m 원 안에 넣으면 100타 언저리를 친다는 것이고
15m 원 안에 넣으면 95타, 10m 원 안에 붙이면 보기 플레이를
충분히 달성할 실력이 된다고 보면 됩니다.
다른 측면에서 이야기해 보면 100타 언저리는
하나의 거리에 대한 자신감만 있어도 좋은 수준입니다.
예를 들어, '50m는 어떻게든 자신 있어!'라는 수준이죠.
하나만 자신이 있어도 30m는 그것보다 좀 살살,
70m는 좀 세게, 혹은 동작을 크게….
이렇게 변용할 수 있다는 거죠.
쩜오는 2개 정도의 거리에 대한 자신감이 있는 수준?
보기 플레이어는 10m에서 80m 사이를 약 20m 단위로 보낼 수 있는 샷을 가져야
합니다.
보기 플레이에 도전하려면 벙커 샷에 대한 나름의 자신감도 확보해야 합니다.
벙커 샷은 10m, 20m, 30m,
즉, 아주 가까운 샷, 먼 샷, 아주 먼 샷 세 가지 정도의 샷을 갖추고 있어야 합니다.
싱글은 가벼운 모래, 무거운 모래를 구별하는 눈을 가져야 합니다.
숏 게임 전용 연습장을 30회 정도 다녔다면
보기 플레이 정도의 샷은 확보했다는 방증입니다.

GATE 46 :도장 깨기

빈 스윙 매주 1천 번 / 월 5천 번 / 연 5만 번

첫째 주: 파3 매주 가기

☐ '두 개의 삼각형' 강의를 다시 한번 듣고 골프라는 게임의 구성에 대해 재점검해본다.

둘째 주: 스크린골프 다른 코스 세 번 연속 69타 돌파하기

☐ '마음과 전략' 강의를 듣고 자기 생각을 글로 정리해 본다.

셋째 주

☐ 도장 깨기 / 다른 스크린 장비들 3곳 돌아가며 72타 이하 치기

넷째 주: TUTOR 월례회 참석

☐ 빈 스윙 20만 번 완료

▶ 행복골프 콘텐츠 QR 링크

두 개의 삼각형　　마음과 전략1　　마음과 전략2

° 게임의 역동성

골프의 절묘한 게임적 장치는 2명도 아니고 3명도 아니고 4명이 한다는 것입니다.
스크린골프이긴 하지만 300번쯤 하면서 심각한 내기든 친선을 위한 우정 어린 골프든,
다양한 층위의 골프를 경험하다 보면
'다자간의 역관계가 보여주는 게임의 다이내미즘'을 이해하게 됩니다.
필드에서의 골프를 이해하기 위한 커다란 밑거름입니다.
골프는 혼자서 하는 게임이 아닙니다.
남이 지독히 게임이 풀리지 않아도 내 골프에 영향을 미칩니다.
남의 골프가 무슨 상관인가 싶지만 그렇지 않습니다.
당신의 골프가 자신의 리듬을 지키며 잘 흘러가고 있더라도
상대가 너무 잘하면 슬슬 자신의 골프가 꼬이기 시작합니다.
'왜 그럴까?'가 아닙니다. 골프가 그런 것이고 인간이 원래 그런 겁니다.
어쩌면 골프는 관계 속에서의 인간,
상호 작용 속에서의 인간을 학습하게 하려고
신이 마련한 절묘한 게임이 아닐는지요.

사람들은 연습장에서 죽어라 연습합니다.
'나만 잘하면 돼. 어떤 상황에서도 흔들리지 않는 절대 스윙을 만들 거야.'
'바람에도 견디고 비탈진 언덕에서도 비틀거리지 않는 그런 샷을 가지고야 말 거야.'
그렇지만 소용없습니다.
코드가 맞지 않는 캐디 한 사람의 등장으로도 그런 샷은 오간 곳이 없습니다.
동반자와 내기에 관한 룰을 조정하는 동안에도 '절대 스윙'은 사라지고 맙니다.
사실 골프에 익숙해진다는 것은 샷을 가다듬는 지난한 과정의 결과물이기도 하지만
골프라는 게임의 다양한 속성을 이해하는 과정,
골프라는 게임에 대한 이해의 깊이를 더해가는 과정이기도 합니다.
비록 스크린골프라 하더라도
게임의 절대량을 중요하게 생각하는 이유가 바로 그것입니다.

GATE 47 :제주도 2박 3일 전지훈련

빈 스윙 매주 1천 번 / 월 5천 번 / 연 5만 번

첫째 주: 야간 9홀 가기

☐ 제주 전지훈련 준비

☐ '근심과 욕심이 아니라 상상' 강의를 듣고 자신의 라운드를 되돌아본다.

둘째 주

☐ 스크린골프 후배들 지도 라운드를 한다.

셋째 주

☐ 파3 후배들 지도 라운드하기

넷째 주

☐ 제주 2박 3일 골프에 푹 젖어 보기

▶ 행복골프 콘텐츠 QR 링크

근심과 욕심이
아니라 멋진 상상

° 온전한 몰입

이제 90타 돌파의 시간이 얼마 남지 않았습니다.
'그깟 90타에 뭐 한다고 이렇게 호들갑을 떠나' 싶으신가요?
골프를 시작하고 연속 두 번, 그것도 PGA 룰을 따르지는 않더라도
꽤 형식적인 엄격함으로 두 번을 연속해서 깨90을 한다는 것,
어쩌면 평생 오지 않을 순간일지도 모릅니다.
만약 골프를 시작하고 3년이 지나지 않아
이 업적을 달성했다면 정말 축하할 일입니다.
그것도 가정을 소홀히 하지 않고,
직장이나 일의 활력은 더 높이면서 이룬 성과라면
정말 축하할 일입니다.
그 마지막 점검의 시간이 72시간의 몰입입니다.
아무 생각이 없이 오로지 골프만을 생각하는 72시간은
큰 에너지가 될 겁니다.
당신이 만약 늘 라운드를 할 수 있고
일주일에 두 번 이상 라운드를 할 수 있는 사람이라면
이런 집중과 몰입의 시간은 필요 없습니다.
이미 1백 번 이상의 라운드 경험했다면 그 또한 필수적인 과정은 아닙니다.
그렇지만 겨우 서른 번 많아야 50번 정도의 라운드 경험으로
깨90이라는 험준한 산을 넘으려 한다면 꼭 필요한 관문입니다.

하루에 36홀씩을 쳐도 좋습니다만, 그러기에 그 시간은 너무 아깝습니다.
72시간 중 술에 취한 시간이 너무 많은 것도 반대입니다.
술을 마시면서도 골프와 함께할 수 있기에 절대 안 된다고는 할 수 없지만
가족들의 희생, 온갖 핑계와 이유로 얻은 귀한 시간이기에
좀 더 집중하고 좀 더 가치 있게 시간을 쓰는 쪽을 선택하는 것이 옳다 싶습니다.
오전이든 오후든 연습을 하고 샷을 가다듬는 시간으로 쓰는 계획이 필요하고요,
라운드는 최대한 실전의 테스트 분위기를 연출하는 것이 좋습니다.
스스로 프로가 되었다는 이미지로 일관하는 것도 좋은 방법입니다.

GATE 48
:깨팔쩜오 / 고딩 졸업
내 클럽 2차 점검

빈 스윙 매주 1천 번 / 월 5천 번 / 연 5만 번

첫째 주

☐ 야간 9홀

둘째 주

☐ 파3 다녀오기

셋째 주

☐ 클럽 2차 점검

넷째 주

☐ S-TUTOR 월례회 참석 / 후배들 응원 라운드

˚ 쇠도 변한다

다들 아는 것은 그립이 닳는다는 거죠.
변하는 겁니다.
그냥 놔둬도 그립이 경화되는 건 아세요?

그루브가 닳고 있다는 것도 아세요?

딱딱한 스탠으로 만든 헤드가
영원무궁할 것으로 믿어 의심치 않지만
그루브도 조금씩 아주 조금씩 마모되고 있습니다.

스틸 샤프트는 습기에 의해 녹이 슬고 있는 것 아세요?

물론 겉이 아니라 속이 녹슬고 있어서 육안으로는 확인할 수 없습니다.
'나는 7번 아이언보다 8번이 더 멀리 가는 것 같아' 흔히 있는 일입니다.
특정한 아이언으로 연습을 많이 하면
그 아이언만 그루브의 마모가 심하고 그립도 손상이 많고
심지어는 로프트 각도가 변하기도 합니다.
7번의 로프트가 8번이 되어 있는 일도 있는 거죠.

그래서 클럽은 정기 점검이 필요한 물건입니다.
그것을 계기로 골프 클럽에 관한 공부도 하고 깊이 이해하면 좋겠습니다.
깨90의 산을 넘으려면 꼭 무기를 점검해야 합니다.

GATE 49 :생체 2급 도전 / 원을 세운다

빈 스윙 매주 1천 번 / 월 5천 번 / 연 5만 번

첫째 주 : 스크린골프 라베 도전

☐ '생활체육지도사 2급 도전하기' 강의를 들은 후 도전 과정을 설계하고, 밴드에 가입한다.

둘째 주

☐ 싱글과 생체 2급 도전 결심을 글로 쓰고 주변에 알린다.

셋째 주

☐ 진천 캠퍼스 다녀오기, 자축

넷째 주 : TUTOR 월례회 참석 / 83타 도전

☐ 빈 스윙 20.5만 번

▶ 행복골프 콘텐츠 QR 링크

생활체육지도사
2급 도전하기

°코재

필드 골프 90타를 앞둔 기다림의 시간입니다.

기다려야 합니다.
방울방울 떨어지는 물방울이 바가지를 가득 채우고,
차고 넘치도록 기다려야 합니다.
아직 90타를 깨지 못했다면 조급해하지 말고 그저 묵묵히
앞에 놓인 과제를 수행하면 됩니다.
양이 축적되어야만 질적인 변화가 옵니다.
기다림은 숙성의 시간입니다.
술도 김치도 지루한 기다림 끝에 참맛을 선사하고,
물도 100도가 되어야 끓습니다.
지루한 기다림 속에 당신의 '골프맛'이 깊어지고 있는 겁니다.
당신의 깨90이 풋내 나는 90타가 아니라
무르익은 90타가 되는 일이기를 진심으로 바랍니다.

지리산 노고단을 오르는 길의 마지막 고비가 '코재'입니다.
코처럼 가파르게 서 있는 고개라 해서 코재라 합니다.
화엄사에서 오르기 시작하면 7시간 이상을 걸어 마지막 고비가 코재,
지칠 대로 지친 발걸음으로 가파른 콧등을 오르는 일, 얼마나 힘이 들겠습니까.
아무 생각도 나지 않고 그저 쓰러지지 않고 한 걸음을 내딛는 것에만 집중합니다.
한 걸음 그래, 또 한 걸음.
서둘러 오르겠다거나 조급함에 짜증이 난다거나
하는 마음 자체도 점점 희미해집니다.
그때쯤, 몇 걸음 앞선 사람의 탄성이 꿈결처럼 아득히 들려 옵니다.

"와! 다 왔다."

어쩜 지금의 관문이 당신에게는 코재일지도 모르겠습니다.
힘내세요.

GATE 50 :GQ test 라베 도전

빈 스윙 매주 1천 번 / 월 5천 번 / 연 5만 번

첫째 주: 골프력 게임 전 과목 연속 90점 이상, 라베 스코어 도전

☐ '싱글로 가는 길 1~5' 강의를 듣고 자신을 골프 라이프를 다시 설계해 본다.

둘째 주

☐ GQ quiz 90점 이상 최고 점수 도전

셋째 주

☐ 진천 캠퍼스 다녀오기

넷째 주: TUTOR 월례회 참석 / 82타 도전

☐ 빈 스윙 21만 번

▶ 행복골프 콘텐츠 QR 링크

싱글로 가는 길1   싱글로 가는 길 2,3   싱글로 가는 길4   싱글로 가는 길5

˚ 줄탁동시

앗! 90타 돌파, 보기 플레이어가 된 것을 진심으로 축하드립니다.
인생사 모든 사건은 내적인 성숙과 외적인 조건이 맞아 세상에 드러납니다.
내 노력만으로 이뤄지는 일은 아무것도 없습니다.
보기 플레이를 달성하는 것 또한
하느님의 가호나 부처님의 자비까지는 아니더라도
날씨가 도와야 하고,
좋은 캐디를 만나야 하고,
동반자들의 숨은 조력(?)도 있어야 합니다.
골프는 내 노력으로 어쩔 수 없는 수많은 상황과의 조우입니다.

보기 플레이조차도 '꼭 이루고야 말리라'는 의기충천이나
'너무도 이루고 싶다'라는 욕망의 결과물이기보다는
겸손과 우연의 결실일 가능성이 더 큽니다.

줄탁동시, 내외의 조건이 맞아서 병아리는 알을 깨고 나오는 겁니다.
골프는 끊임없이 '교만하지 말라', '교만하지 말라'는 이야기를 들려주고 있습니다.
우리가 할 수 있는 노력을 다하고 그때를 기다리는
'진인사대천명'(盡人事待天命) 외에 우리가 할 수 있는 일은 없습니다.
오늘 보기 플레이를 달성하셨다면 천지신명이 도운 날이고,
내적인 성숙과 외적인 조건이 절묘한 조화를 이룬 날일 겁니다.

다시 한번 축하드립니다.

:야외 튜터링 실습⑴

빈 스윙 매주 1천 번 / 월 5천 번 / 연 5만 번

첫째 주

☐ 퍼팅 & 숏 게임 튜터링 실습 / 숏 게임 연습장 / 진천

둘째 주

☐ 롱 게임 튜터링 실습 / 드라이빙 레인지 / 진천

셋째 주

☐ <모든 샷에 집중하라> 충분히 읽고 음미하기

넷째 주 : TUTOR 월례회 참석 / 81타 도전

☐ 빈 스윙 21.5만 번 완료

° 갈림길

필드 골프 90타라는 것은 당신의 골프 라이프에 놓인 커다란 고비를 하나 넘은 것입니다.
진심으로 축하드립니다. 이제 몸과 마음을 추스르고
'골프의 길'에 대한 깊은 성찰이 필요한 시간입니다.

당신 앞에는 두 개의 길이 놓여 있습니다.

그저 보기 플레이어의 수준으로 행복하게 골프를 즐기면서 살 것인가 아니면
더 먼 길을 나설 것이냐 하는 두 개의 길입니다.
어느 길을 선택하든 순전히 본인의 선택입니다.
만약 당신의 골프가 순수한 취미로서의 골프일 뿐이라면
이쯤에서 텐트를 치고 계곡에 발을 담그고 느긋하게 골프를 대할 것을 권하고 싶습니다.
취미임에도 불구하고 더 잘하려는 것도 욕심입니다.
지금보다 더 잘한다는 것은 지금까지의 노력보다 훨씬 많은 시간과 노력이 드는 일이거든요.
관문 50 이후에 놓여 있는 여러 관문을 찬찬히 훑어보세요.
지금까지 하루 한 시간 정도의 노력으로 온 길이라면
지금부터는 하루 2시간의 노력을 들여 걸어야 하는 길입니다.
관문 하나하나를 통과하는 기간도 길어집니다.
골프 외적인 부분에서 더 큰 희생을 요구해야 한다는 의미겠죠.
노력은 더 하지 않으면서 성과는 더 내고 싶다면 그건 불행 골프의 시작이 될 겁니다.
과연 골프가 그렇게까지 할 일인가에 대한 생각을 한 번쯤은 해볼 시점이 된 겁니다.
만일 좀 더 멀리까지 가 봐야겠다는 결심이 선다면
그다음의 관문은 '생활체육 2급 지도자 자격'을 향한 길입니다.
그건 그냥 취미로서의 골프가 아니라
뭔가 목적의식이 있는 골프로의 변화를 선언하는 겁니다.
많은 골퍼가 막연하게 더 잘 치고 싶다는 길을 선택합니다.
그렇지만 보기 플레이어의 수준을 넘어 80대 초반의 실력까지 가는 사람은 극히 드뭅니다.

이것은 의지의 문제가 아니라 의미의 문제로 봐야 합니다.

GATE 52 : **필드 골프 싱글 달성**

빈 스윙 매주 1천 번 / 월 5천 번 / 연 5만 번

첫째 주

☐ 파3 다녀오기

둘째 주

☐ 루틴 집중 연습

셋째 주

☐ 거리 확정 연습

넷째 주: TUTOR 월례회 참석 / 80타 도전

☐ 빈 스윙 22만 번 완료

°좋은 코스란?

좋은 코스의 조건은
기본적으로 다양한 클럽을 사용할 수 있도록 설계되었는가?
9홀은 각각 얼마나 개성이 넘치는가?
전반과 후반은 가족 같은 통일성은 있는데 형제처럼 다른가?
(골프장의 기본 설계가 잘 되었나 하는 물음이겠죠)
관리 상태가 좋은가?
서비스 퀄리티는 어떤가?
경관은 멋진가?
등등입니다.

행복골프는 매년 10대 코스를 선정합니다.
비싼 골프장이 아니라, 이야기가 있는 골프장을 찾아 소개하려 합니다.
보기 플레이어까지는 그저 스코어를 내는 것에 몰입한 단계라면
그것을 넘어서는 단계가 되었을 때
소위 대한민국에서 골프를 친다는 많은 사람이 감동하는 골프장을 다니면서
좋은 골프장이란 무엇인가 하는 경험을 해 볼 필요가 있다는 생각입니다.
고기도 먹어 본 놈이 먹는다고 좋은 골프장을 경험해 봐야
골프장을 바라보는 자기 나름의 관점이 생깁니다.

음식을 맛있게 만드는 사람은 맛난 음식을 많이 먹어본 사람입니다.
좋은 골프장만을 찾아다니는 것에는 반대하지만
싸구려 골프장만을 찾아다니는 것도 반대합니다.

다양한 경험이 우리의 골프를 풍성하게 할 겁니다.
이제 당신은 그럴 만한 경지에 이른 겁니다.

GATE 53 :나만의 프리 라운드 루틴 확립

빈 스윙 매주 1천 번 / 월 5천 번 / 연 5만 번

첫째 주: 프리 라운드 루틴 작성하기

☐ 전날 혹은 전전날부터 실천해 본다.

둘째 주

☐ 야간 9홀 돌기 / 프리 라운드 루틴

셋째 주

☐ 야간 9홀 돌기 / 프리 라운드 루틴

넷째 주: TUTOR 월례회 참석 / 80타 도전

☐ 빈 스윙 22.5만 번 완료

° 간절한 그리움

취미로 하는 일이 뭐가 힘이 들까 싶지만,
목표를 가지고 뭔가를 이루려 애쓰는 과정은 언제나 수고로운 겁니다.
누군가에게 속 시원히 말도 못 할 마음고생도 많았을 것이고요.
어차피 생체 2급이라는 과정은 아득히 멀리 있습니다.
거기까지 가려면 상당한 정도의 에너지 축적이 필요합니다.
골프에 대한 애타는 갈증도 풀어줘야 하고,
골프의 매력에 푹 빠져서 골프에 대한 그리움과 간절함도 키워야 합니다.

그리고 당신이 선택한 길이 '나만의 골프'가 아니라
'더불어 골프, 나눔의 골프'라면
그것의 의미를 충분히 음미할 시간도 필요한 것 아니겠습니까?
억지로 머리를 쥐어짜 사업계획 같은 것을 만드는 일이 아니라
인생살이에 관한 생각의 정리라는 것이라면 멍한 시간이 필요합니다.

내가 진정으로 원하는 것은 무엇인가?
진짜 골프와 더불어 살아가고 싶은 건가?
어렵더라도 기회를 만들어서 '멍때리기' 골프 휴가를 다녀오세요.
태국이나 베트남이면 4박 6일 정도는 시간을 내야 할 것입니다.
일본도 좋고, 제주도 좋습니다.
버킷 리스트에 넣어 놓고 기도해 보세요.

뜻이 있는 곳에 길이 있고 간절하면 방법이 찾아집니다.

GATE 54 : 생체2급 구술시험 준비 시작

빈 스윙 매주 1천 번 / 월 5천 번 / 연 5만 번

첫째 주

☐ 구술시험 준비 / 기출문제 답안지 공부

둘째 주

☐ 파3 다녀오기

셋째 주

☐ 진천 다녀오기

넷째 주 : TUTOR 월례회 참석 / 79타 도전

☐ 빈 스윙 23만 번 완료

° 인생 고 (苦)

이미 경험했을 수도 있을 최악의 라운드를 꼽아 보세요.

폭풍 같은 바람 속의 라운드,
적어도 2클럽 심하면 3클럽 이상을 더 잡아도 안 날아가는 정도라야
최악의 바람이라 이야기할 수 있습니다.
팬티까지 다 젖는 빗속의 라운드,
땀이 비 오듯 흘러 속옷을 벗어서 짜가면서 라운드를 돈 정도라야
극강의 더위 속 라운드라 할 수 있겠죠!
추위, 더위, 깜깜한 밤중, 섬뜩한 새벽 무엇이든 좋습니다.
당신이 경험한 최악의 라운드를 이야기해 보세요.

악조건을 애써 피하는 편이라면
지금부터는 외면하지 말고 오히려 도전해 보세요.
극강의 체험을 하고 나면
웬만한 조건에서는 감사하는 마음으로 라운드를 하게 되는 장점이 있고,
어디 가서든 골프 이야기(허풍)가 풍성해지는 부수적인 효과가 있습니다.

위대한 사랑, 불멸의 사랑은
위대한 조건, 불멸의 조건 속에서 만들어지는 겁니다.
혁명적인 상황에서 혁명적인 사랑이 싹트는 거죠.

온실이 아니라 거친 자연의 품 속에서 우리 골프가 성숙해집니다.

:필드 골프 핸디 7 달성

빈 스윙 매주 1천 번 / 월 5천 번 / 연 5만 번

첫째 주

☐ 파3, 야간 9홀 다녀오기

둘째 주

☐ 파3, 야간 9홀 다녀오기

셋째 주

☐ 파3, 야간 9홀 다녀오기

넷째 주 : TUTOR 월례회 참석 / 79타 도전

☐ 빈 스윙 23.5만 번 완료

°고독(孤獨)

골프 라이프를 영위함에서 꼭 추천해 마지않는 경험이 있다면

'나 홀로 라운드'입니다.

일단 타인의 시선이 없다는 것이 참 어색합니다.
어색하다는 것이 어색한데 참 어색합니다.
그동안 남과 함께 했다는 것이 꽤 영향을 미쳤음이 틀림없습니다.

경쟁과 비교가 없다는 것도 이상합니다.
혼자 치면 공이 잘 안 맞거나 이상한 곳으로 가면 또 치고 또 치고 할 것 같죠?
그렇지 않습니다.
잘 치고 스코어를 낼 필요가 없으니 귀찮습니다.
그냥 그대로 가서 치게 됩니다.
터무니없는 곳에 있으면 좋은 곳에 옮겨 놓고 칠 것 같죠?
그렇지 않습니다. 한 번 쳐 보고 싶어집니다.
아주 색다른 골프를 경험하게 됩니다.

몇 시간 동안 혼자 뭔가를 꼼지락거리면서 해 본 경험이 뭐가 있을까요?
절대 고독, 묵언 수행?
외롭습니다.
왁자지껄 수다가 없으니
골프가 자연 속에 하는 일이라는 당연한 사실을 절절히 느낍니다.
고요한 침묵의 자연일 것 같지만 실제는 그렇지 않습니다.
새소리 바람 소리…. 자연은 소란스럽습니다.
가끔 자연의 소리에 놀라기도 하고 두렵기까지 합니다.
자연이라고 하면 우리는 정물로 인식하고 싶어 하죠? 전혀 그렇지 않습니다.
부산스럽고 요란한 동적인 자연이 있을 뿐입니다.

결국, 무엇을 느낄지 알 수 없지만
홀로 라운드해보면 함께했을 때와는 판이한 골프를 경험하게 됩니다.
사람들에 의해 번잡함과 게임적 요소들에 가려져 있던
골프 본연의 모습을 보게 됩니다.

GATE 56 :싱글 핸디 유지

빈 스윙 매주 1천 번 / 월 5천 번 / 연 5만 번

첫째 주

☐ 생체 2급 기출 문제 스터디

둘째 주

☐ 파3, 야간 9홀 다녀오기

셋째 주

☐ 파3, 야간 9홀 다녀오기

넷째 주: TUTOR 월례회 참석 / 79타 도전

☐ 빈 스윙 24만 번 완료

˚아름다운 도전

이제 이런저런 경험들로 몸과 마음을 돌보고 골프 재충전했다면
드디어 생체 2급에 도전장을 던질 때가 되었습니다.
생체 2급을 안내하는 밴드에 가입하세요.
실기 테스트는 9홀에 42타를 치면 되는 기준이니
사실 보기 플레이어에게 쉬운 과제는 아닙니다만,
테스트하는 '센츄리21cc' 골프장이 특별한 조건을 가진 골프장입니다.
거의 퍼블릭 수준의 짧고 좁은 골프장입니다.
드라이버를 잡을 홀도 별로 없고,
드라이버를 잡지 않더라도 레귤러 온이 가능한 홀이 여럿입니다.
그래서 숏 게임이나 퍼팅 실력이 단단한 보기 플레이어라면
도전해 볼 만한 라이선스고, 도전해 볼 만한 스코어인 거죠.

그래서 〈골프 교본〉은 보기 플레이어들에게 도전장을 내라고 적극적으로 권하고 있습니다.
〈골프 교본〉은 숏 게임과 퍼팅을 충실히 하도록 길 안내를 해 왔거든요.
망설이지 말고 과감히 도전장을 내미십시오.

도전은 아름다운 것입니다.
도전 그 자체가 당신의 성숙한 골프를 만들어 가는 에너지로 작동할 것이고,
당신 골프의 또 하나의 이정표가 되어줄 겁니다.

GATE 57 : 생체 2급 필기시험 도전

빈 스윙 매주 1천 번 / 월 5천 번 / 연 5만 번

첫째 주

□ 파3, 야간 9홀 다녀오기

둘째 주

□ 파3, 야간 9홀 다녀오기

셋째 주

□ 파3, 야간 9홀 다녀오기

넷째 주: TUTOR 월례회 참석 / 79타 도전

□ 빈 스윙 24.5만 번 완료

° 골공 (骨空)

24시간 72홀의 도전은
몸과 마음을 비우는 의식입니다.
결전을 앞두고 마음을 다잡는 극한의 도전입니다.

높이 나는 새는 몸을 가볍게 하려고 많은 것을 버립니다.
심지어 뼛속까지 비웁니다.
무심히 하늘을 나는 새 한 마리가 가르치는 이야기입니다.

–신영복의 언약, '처음처럼' 중에서

3천 배를 하면 꼬박 24시간이 걸린다고 합니다.
눈물 콧물 다 쏟아가며 끊임없이 절을 합니다.
소신공양과 같은 의식적 절차죠.
극한 상황에 이르면 의식이 가리고 있던 '본성의 나'가 드러납니다.
72홀, 시간이 흐르면서 홀을 지나치고,
샷이 거듭될수록 의식의 샷은 점차 사라지면서 무의식의 샷이 나오기 시작합니다.
욕심의 샷, 목적의 샷도 점차 사라지고 그냥 샷,
무심의 샷이 모습을 드러냅니다.
그토록 달콤했던 골프는 점차 맛을 잃어가고
그저 완주해내겠다는 의지만이 남습니다.
좀처럼 끝이 보이지 않고 아득합니다.
그 바닥까지 이르면,
아니 그 바닥에 이르러서야 비로소 골프가 새롭게 탄생합니다.
의지도 몸의 기운도 꺼져가는 촛불처럼 스러져 갈 때
명징하면서도 낯선 내가 나타납니다.
그것이 훌쩍 확장된 또 다른 '나'입니다.

생체 2급의 도전에 큰 응원이 될 겁니다.

GATE 58 :생체 2급 실기 시험 준비

빈 스윙 매주 1천 번 / 월 5천 번 / 연 5만 번

첫째 주

□ 파3, 야간 9홀 다녀오기

둘째 주

□ 파3, 야간 9홀 다녀오기

셋째 주

□ 파3, 야간 9홀 다녀오기

넷째 주 : TUTOR 월례회 참석 / 79타 도전

□ 빈 스윙 25만 번 완료

° 장산곶 매

솔개는 40년 정도가 되면 발톱은 안으로 굽어서 굳어지고,
부리는 가슴으로 구부려져 먹이를 낚아채기 힘들어집니다.
또한, 깃털은 두꺼워져 날아다니기조차 힘들 만큼 무거워집니다.
이쯤 되면 솔개는 먹이를 구하지 못해 그대로 죽거나 아니면
고통스럽더라도 새롭게 거듭나는 선택을 해야만 합니다.
새롭게 거듭남을 택한 솔개는 150일 동안 산꼭대기의 절벽 끝 바위틈으로 들어가
스스로 목숨을 건 사투를 벌여야 합니다.
절벽의 바위틈으로 들어간 솔개는 자기 부리가 없어질 때까지 바위를 쫍니다.
새로운 부리가 날 때까지 오랜 시간을 기다린 후,
이번에는 자기 부리로 낡은 발톱을 모두 뽑아냅니다.
시간이 지나 발톱이 다 자라면 이제는 낡은 깃털을 하나하나 뽑아냅니다.
그리고 깃털이 다 자라날 때까지 오로지 이슬방울만 먹고 조용히 견뎌냅니다.
5개월이라는 이 혹독한 시간을 버텨낸 솔개는 마침내
새 부리, 새 발톱, 새 깃털을 얻어 힘차게 하늘을 날아오릅니다.
이토록 모질고 처절한 자신과 싸움에서 이긴 솔개는
무려 30년이나 생명을 연장할 수 있다고 합니다.

제2의 삶을 힘차게 살아가는 것이지요.

클럽을 몽땅 바꾸자는 이야기를 드리는 것은 아닙니다. 졸지 마세요.
다만 솔개가 자기 부리를 다듬듯,
결전을 대비하는 비장한 마음으로
클럽을 총점검해 봐야 한다는 이야기를 드리는 겁니다.
바꿔야 하는 것이 있다면 과감히 바꾸고 보충해야 하는 것이 있다면
망설이지 말고 과감히 보충하세요.

GATE 59 : 생체 2급 도전

빈 스윙 매주 1천 번 / 월 5천 번 / 연 5만 번

첫째 주 : 파3, 야간 9홀 다녀오기

□ 영상: 투잡 or 인생 2막

둘째 주

□ 파3, 야간 9홀 다녀오기

셋째 주

□ 센츄리21 예비 라운드

넷째 주

□ 생체 2급 도전

▶ 행복골프 콘텐츠 QR 링크

투잡 or 인생 2막

°땅을 살피다.

무왕이 태공에게 물었다.
"적의 보루에 대한 허실과 적군의 움직임을 어떻게 하면 정확히 알 수 있습니까?"
태공이 대답하였다.
"훌륭한 장수는 반드시 위로는 하늘의 기상을 알고,
아래로는 땅의 지세를 알고,
가운데로는 인간의 일을 알아야 합니다.
높은 곳에 올라가 아래를 내려다보면 적의 동태를 살필 수 있습니다.
그렇게 하여 적의 보루를 관찰하면 보루의 허실을 파악할 수 있고,
적의 병사들을 관찰하면 그들의 동태를 알 수 있는 것입니다."

_〈손자병법〉 중에서

무릇 전쟁은 천지인의 조화라 했습니다.
골프에서의 적은 누구입니까?
적어도 생활체육 2급 자격증을 따려고 온 동반자들은 아닙니다.
오히려 동병상련의 마음이 작동하는 관계입니다.
적은 당신 자신뿐입니다.
당신의 욕심, 당신의 긴장, 당신의 두려움이 적입니다.
스스로 돌아보고 다스림에 집중할 일입니다.
하늘의 기운을 어찌 통제할 수 있겠습니까.
단지 그날, 그 무렵의 날씨를 예상하고 대비할 일입니다.
남은 일은 땅의 기운을 살피고 지형을 파악하는 일입니다.
센츄리21cc를 정확히 파악하고 이해해야 전략을 짤 수 있습니다.
짧고 좁은 골프장입니다.
드라이버를 빼고 생각해 보면
오히려 더 다양한 전략적인 가능성이 열립니다.
세 번의 라운드가 최상의 전략을 수립하는 시간이어야 합니다.
당신이 막강한 화력을 가지고 있어서 어떻게 해도 이길 싸움이라면 모를까,
이번의 싸움은 미약한 화력으로 강대한 적과 싸우는 겁니다.
이 싸움에서 승리한다면 그것은 바로 전략의 승리라 이름할 수 있을 겁니다.

당신이 가진 장점을 최대한 살리고,
약점을 드러내지 않는 전략을 수립해야 합니다.
숏 게임을 주력 무기로 삼고,
퍼팅력으로 승부하는 전략을 수립할 것을 권합니다.

GATE 60

:싱글 달성 / 대학 졸업
마스터 튜터 제주 3박 4일 연수

빈 스윙 매주 1천 번 / 월 5천 번 / 연 5만 번

첫째 주: 생체 2급 도전기 글쓰기

☐ 제주 전지훈련 준비

둘째 주

☐ <99타여 100타를 가르치라> 다시 한번 정독하기

셋째 주

☐ 스크린골프 66타 달성하기

넷째 주

☐ 제주 3박 4일 연수

˚모르고 지나쳤을 산

생체 2급 관문을 통과하셨다면 정말 축하드리고,
아직 지나는 중이더라도 축하드립니다.
한 발 떨어져서 가만히 생각해 보면
이 관문을 통과하고 못 하고가 뭐 그리 대단한 일입니까?
그저 당신이 설정한 가상의 관문 중 하나일 뿐인데요.
생체 2급이 뭔지도 모르고 골프를 치고 있는 사람도 많고,
당신도 아마 〈골프 교본〉의 안내가 아니었으면
생체 2급 시험이라는 산을 모르고 지나쳤을지도요.
그 관문을 통과하고자 목표를 정하고 그 길을 걷고 있는 당신,
가만히 돌이켜 보세요.
그 일이 아니었으면 언제 룰 북을 들여다보았을 것이며,
뭐 하러 생체 역학책을 봤을 것입니까?
미스 샷의 원인을 설명해야 하고,
사람을 가르친다는 것에 관한 생각을 한 번이라도 진지하게 해봤을까요?
이미 당신은 많은 것을 얻었습니다.
시험은 1년에 딱 한 번 있습니다.
떨어지면 꼬박 1년을 더 기다려야 합니다.
그래서 심리적인 압박이 더 큽니다.
3년쯤 바라보면서 넉넉한 계획을 잡으세요.

당장 그것이 안 된다고 내 골프 내 인생 달라지는 것 없잖아요?

갓 담은 김장 김치도 맛나지만,
묵은지의 맛과 변용 또한 기가 막히지 않던가요.
기다림과 도전 속에 당신의 골프는
곰삭은 맛으로 숙성되어가고 있는 겁니다.

GATE 61 : 싱글 & 생체 2급 성공사례 공유

빈 스윙 매주 1천 번 / 월 5천 번 / 연 5만 번

첫째 주

□ 스크린골프 라베 도전

둘째 주

□ 생체 2급 도전 성공담을 글로 쓴다

셋째 주

□ GQ 최고 점수 도전

넷째 주 : TUTOR 월례회 참석 / 78타 도전 / 성공사례 발표

□ 빈 스윙 25.5만 번

° 본능 샷

보기 플레이에 이어 생체 2급의 통과,
〈골프 교본〉에 놓인 골프의 큰 산을 2개 넘은 겁니다.
이제 가벼운 맘으로 골프의 지평을 넓힐 도전을 해 봅시다.

원 클럽 챌린지!

결국, 골프의 실력이라는 것은
클럽이라는 도구를 얼마나 자유자재로 다루는가 아닌가요?
9번이든 8번이든 7번이든 하나의 도구를 가지고 18홀을 다 돌아보는 겁니다.
티 샷도 세컨 샷도 벙커 샷도 숏 게임도,
심지어 퍼팅조차도 처음에는 황당하지만 몇 번 해 보면
별일이 아니라는 것을 발견하게 됩니다.
하나의 도구로 하니 번거롭지 않아 좋습니다.
골프가 비거리를 누가 많이 내냐는 게임도 아니고,
도구를 활용하는 것이지 도구에 얽매일 일도 아니라는
아주 지당한 상식을 깨닫게 해 줍니다.

그리고 그 후의 라운드가 변합니다.
벙커 샷을 하든 숏 게임을 하든 퍼팅을 하든,
8번 아이언 하나로도 했는데 그보다 더 적합한 도구로 하는데
그보다야 더 잘할 거라는 믿음? 도구에 대한 신뢰!

그런데 전혀 엉뚱한 깨달음도 있습니다.
아이언 하나로 라운드할 때는 철저히 본능적인 감각에 따릅니다.
계산도 없고 법칙도 없습니다.
'이렇게 하면 저기까지 가지 않을까?'라는 직관에 따르는 거죠.
많은 실수가 따르지만 가끔은 깜짝 놀랄 결과를 경험합니다.
그동안 얼마나 당신의 운동 본능을 경시해 왔는가를 깨닫게 해 줍니다.

원 클럽 챌린지는 싱글로 가는 길,
스승으로 살아가는 길에 확실한 도우미가 되어 줄 겁니다.

GATE 62 :마스터 튜터로서의 라이프 설계

빈 스윙 매주 1천 번 / 월 5천 번 / 연 5만 번

첫째 주 : 파3에서의 튜터링 활동
☐ '행꼴 교습법 - 병증 치유편' 강의를 듣고 자신만의 교안을 정립한다.

둘째 주
☐ 야간 9홀에서의 튜터링 활동

셋째 주
☐ 진천 캠퍼스에서의 튜터링 활동

넷째 주 : Master-TUTOR 월례회 참석 / 78타 도전
☐ 빈 스윙 26만 번

▶ 행복골프 콘텐츠 QR 링크

행꼴 교습법
병증 치유편

°청출어람(靑出於藍)

당신이 100 내외의 라운드 수로 보기 플레이를 통과하고
생체 2급을 성취했다면, 시간과 비용 면에서
골프 역사에 남을 만한 기록과 속도로 여기까지 달려온 겁니다.
이제는 진정한 싱글로 가는 길목에 접어든 겁니다.
이제 속도를 좀 늦추셔도 됩니다.
차분히 골프를 돌아보면서 자신만의 골프 철학과 방법론을 정립해야 할 때입니다.
김헌 쌤의 저서를 완독하고,
김헌 쌤의 강의 영상들을 모두 완강하십시오.
당신이 걷고 있는 이 길은 김헌 쌤이 개척해 놓은 루트입니다.
에베레스트를 오르는 수많은 길이 있지만
앞서간 누군가의 이름을 따서 길 이름으로 삼습니다.
'〈골프 교본〉'은 김헌 루트입니다.

이제는 그 길과 이별할 시간입니다.

자신만의 생각 자신의 이론으로 골프를 재정립할 때가 되었다는 뜻입니다.
그것을 위해 김헌 쌤의 골프에 관한 생각과 고민을
전체적으로 다시 한번 살펴보라는 뜻입니다.
골프에 있어 스윙도 샷도 코스를 공략하는 전략도 마음을 다스리는 기술도 중요하지만
가장 중요한 것은 골프를 바라보는 관점, 철학입니다.
철학은 방향이고 프레임입니다.
방향이 올바르다는 전제 위에 방법론적인 정립이 있는 겁니다.
방향이 틀리면 아무리 좋은 방법이 있다 한들 사상누각입니다.
당신은 이미 보통의 사람이 골프에서 이를 수 있는 경지의 7부 능선은 넘었습니다.

이제 마지막 남은 완전한 싱글로 가는 길!

당신만의 철학과 방법론을 정립하면서
당신만의 방식으로 걸어 보세요.

청출어람 청어람

:한국의 10대 골프장 순례 시작

빈 스윙 매주 1천 번 / 월 5천 번 / 연 5만 번

첫째 주: 파3에서의 튜터링 활동/ 한국 10대 골프장 순례(1) 시작
□ '명문 코스란?' 강의를 듣고 명문 코스를 보는 시각을 정립한다.

둘째 주: 야간 9홀에서의 튜터링 활동
□ '한국의 명문 코스' 강의를 듣고 자료를 찾아 자신이 순례할 코스를 선정한다.

셋째 주
□ 진천 캠퍼스에서의 튜터링 활동

넷째 주: Master-TUTOR 월례회 참석 / 77타 도전
□ 빈 스윙 26.5만 번

▶ 행복골프 콘텐츠 QR 링크

명문 코스란?

° 숭고한 경험

흔히들 물리가 트인다고 하죠.
단순한 일을 엄청나게 반복하다 보면 지극한 경지에 이릅니다.
망치질도 도끼질도 그렇습니다.
도가 통한다고 하고, 달인이라고 하죠.
단순한 동작의 입에서 단내 날 듯한 반복은
지극한 몰입의 경지에 이르게 하고,
몰입은 본성의 나를 만나는 길로 향해 있습니다.

묵히고 썩히는 과정이 일정 수준에 이르면 술이 되듯,
반복은 원래 시작한 그것이 아닌 것이 되는 숭고한 경험을 하게 합니다.

빈 스윙을 30만 번 하셨으면 아마 빈 스윙이
골프 연습이 아닌 것으로 되었을 겁니다.
빈 스윙이 생활이고, 빈 스윙이 명상이고,
빈 스윙이 마음을 달래주는 친구가 되어 있을 겁니다.

명상에 있어 호흡을 의식의 닻이라 합니다.
그런 의미에서 빈 스윙은 당신 '골프의 닻'입니다.
앞으로도 꾸준할 당신의 골프 인생에서 빈 스윙을
100만 번쯤은 하지 않을까요?
그중 겨우 30만 번을 하신 겁니다.

빈 스윙의 포스가 당신의 골프와 함께하길.

GATE 64 :그룹 수업 진행 도전

빈 스윙 매주 1천 번 / 월 5천 번 / 연 5만 번

첫째 주: 만들기 / 한국 10대 골프장 순례(2)

☐ 수업 준비 / 김헌의 레슨법 다시 공부 / 자신만의 교본 만들기

둘째 주

☐ 퍼팅 수업

셋째 주

☐ 숏 게임 수업

넷째 주: 롱 게임 / 공과의 만남 / 게임 진행 수업 진행

☐ 빈 스윙 27만 번 완료

°가까운 사이

일정한 거리를 유지하는 관계는 사실 내 일상에 미치는 영향이 크지 않습니다.
그의 성격, 생김새, 말투…. 심한 경우 안 보면 그만이니까요.
그렇지만 가까운 관계 특히, 안 보려 해도 그럴 수 없는 관계는
상대가 내게 미치는 영향이 지대합니다.

롱 게임과 숏 게임의 관계가 꼭 그러합니다.
롱 게임이야 위험스러워 보인다든지 장애가 있다든지 하면
돌아갈 수도 피할 수도 있습니다.
지형이나 골프공을 받아주는 모양새가
샷의 결과에 미치는 영향이 상대적으로 덜합니다.

그렇지만 숏 게임은 다릅니다.
피할 수 없는 상황과 맞닥뜨리게 됩니다.
그저 샷을 해서 핀 가까이 보내는 것 외에 선택지가 없는 경우가 대부분입니다.
그러니 상대를 잘 살펴야 합니다.
그가 하는 이야기를 잘 들어야 하고, 안색을 잘 살펴야 합니다.
딱딱한지 폭신한지, 경사가 어디로 흐르고 있는지,
오르막인지 내리막인지,
공이 놓인 상태도 굉장히 중요합니다.

상대의 은밀한 이야기나 요구를 잘못 파악하면
전혀 엉뚱한 일이 벌어질 수 있어요.
어쩌면 퍼팅할 때보다도 더 면밀한 주의가 필요할지도 몰라요.
퍼팅도 지형이나 상태를 살피는 일이 무엇보다 중요하지만
공이 놓인 상태를 자신이 개선할 수 있고,
아무래도 2D 평면에서의 운동이잖아요.
숏 게임은 3D 입체 공간에서의 운동입니다.

GATE 65 : 제주 캠퍼스 왕초보 행사 튜터로 참여

빈 스윙 매주 1천 번 / 월 5천 번 / 연 5만 번

첫째 주

☐ 파3에서의 튜터링 활동 / 한국 10대 골프장 순례(3)

둘째 주

☐ 야간 9홀에서의 튜터링 활동

셋째 주

☐ 진천 캠퍼스에서의 튜터링 활동

넷째 주 : 제주 머리 올리기 튜터로서 참가

☐ 빈 스윙 27.5만 번 완료

˚동네 싱글

이제 미뤄 놓은 숙제를 하셔야 합니다.
다양한 코스 경험입니다.
라운드하다 보면 늘 익숙한 골프장, 편한 골프장을 다니게 마련입니다.
익숙한 곳에서만 싱글!
그런 사람을 '동네 싱글'이라 합니다.
이왕이면 어디서나 싱글로 가야죠.
어디서나 싱글로 가기 위해서는 경험의 폭을 좀 더 넓혀야 합니다.
모르고 경험해 보지 않아서 어려운 거지
몇 번 겪어보면 별것 아니구나 싶습니다.

대표적으로 산악형 골프장과 해안형 골프장이 있습니다.
산에 있으면 산악형이고, 바닷가에 있으면 해안형이죠.
바다가 보이고 산이 보이는 차이 외에도
바람의 방향도 다르고 세기도 다릅니다.

해안형 중에 링크스 코스라고 있습니다.
황량한 바닷가 모래 언덕에 만든 것 같은 골프장이죠.
참 돈을 안 들인 것 같은데 이국적인 풍경입니다.
조선 잔디와 양 잔디 골프장도 꼭 비교해 볼 필요가 있습니다.
양 잔디는 시각적으로도 다르고 샷하는 느낌이 아주 다릅니다.

대표적인 골프장들을 찾아 두루 경험의 폭을 넓히세요.
'어디서나 싱글'로 가는 길의 밑거름이 됩니다.
자신이 다녔던 골프장들을 구별해 보고,
미처 경험하지 못했던 종류의 골프장이 있다면 일부러 다녀오세요.

:마스터 튜터 라이프

빈 스윙 매주 1천 번 / 월 5천 번 / 연 5만 번

첫째 주

☐ 파3에서의 튜터링 활동 / 한국 10대 골프장 순례(4)

둘째 주

☐ 야간 9홀에서의 튜터링 활동

셋째 주

☐ 진천 캠퍼스에서의 튜터링 활동

넷째 주 : Master-TUTOR 월례회 참석 / 76타 도전

☐ 빈 스윙 28만 번 완료

°1백 번의 깨달음

당신은 이미 필드 골프의 양이 그다지 중요치 않은 수준에 와 있습니다.
당신은 생체 2급의 고비를 넘느라 100회를 이미 훌쩍 넘겼을 수도 있습니다.
120이면 어떻고 150이면 어떻습니까, 괜찮습니다.
어쨌건 100회 언저리에서 지금의 수준에 이르렀다는 것은
비용과 시간을 엄청나게 절약했다는 것이고,
〈골프 교본〉의 효용과 효과를 보여주는 방증이라고 봅니다.
세상에는 1천 번을 라운드하고도
80대 초반을 가지 못한 골퍼들도 많습니다.
수많은 라운드에도 불구하고 싱글에 이르지 못했다면,
골프에 대한 잘못된 관점을 가지고 있는 것이거나,
지혜롭지 못한 것입니다.
골프에 대한 근본적인 성찰이 필요합니다.

1백 번의 라운드는 1백 번의 깨달음입니다.

아니 어쩌면 골프에 관한 생각을 정리할 1백 번의 기회일지도요.
골프를 어찌하려 들기보다는
골프가 들려주는 이야기에 조용히 귀 기울여야 합니다.
이제는 그럴 때가 되었습니다.

골프의 이야기들을 가만히 듣고,
그걸 일상의 삶 속으로 가지고 올 때가 되었다는 겁니다.

GATE 67 :마스터 튜터 라이프

빈 스윙 매주 1천 번 / 월 5천 번 / 연 5만 번

첫째 주

☐ 파3에서의 튜터링 활동 / 한국 10대 골프장 순례(5)

둘째 주

☐ 야간 9홀에서의 튜터링 활동

셋째 주

☐ 진천 캠퍼스에서의 튜터링 활동

넷째 주 : Master-TUTOR 월례회 참석 / 76타 도전

☐ 빈 스윙 28.5만 번 완료

° 역지사지 (易地思之)

월례회에서 왕초보들 도와주기,
100타 깨기 라운드 돕기.
주로 필드에서 초보자들을 도우면서
그들의 어려움을 체감해 보는 시간이 꼭 필요합니다.

이미 당신에게는 쉽고 단순한 그 동작이
왜 그렇게 안 되고 어려운 것인지를 유심히 봐야 합니다.
교사 교육 과정에 '오른손잡이에게 왼손 클럽을 주고 공을 쳐 보게 하는 시간'이 있습니다.

우리는 오랜 세월 익숙해져서 이미 잊었지만
오른손잡이가 왼손 클럽을 들고 샷을 하는 만큼,
혹은 그 이상의 어색함과 불편함이 초보자들에게 있음을 알려주고자 함입니다.

역지사지입니다.

좋은 선생은 수시로 학생의 입장이 되어 볼 수 있는 사람입니다.
당신이 본격적으로 누군가에게 골프를 가르칠 때 훌륭한 지침이 될 겁니다.

첫째 주

☐ 파3에서의 튜터링 활동 / 한국 10대 골프장 순례(6)

둘째 주

☐ 야간 9홀에서의 튜터링 활동

셋째 주

☐ 진천 캠퍼스에서의 튜터링 활동

넷째 주 : Master-TUTOR 월례회 참석 / 75타 도전

☐ 빈 스윙 29만 번 완료

° 욕심만으론 갈 수 없는 길

축하합니다.
당신은 대한민국에서 골프를 시작한 사람 중,
10% 정도밖에 경험해 보지 못한 스코어를 경험한 것이고,
상위 2%의 수준에 들어오셨습니다.

아마추어로 시작한 골퍼로서,
초보 선생님으로서, 당신은 이제 더 갈 곳이 없습니다.
지금 이른 경지를 잘 유지하고 관리하는 모드로 전환해야 합니다.
이제 당신의 골프는 노력에 의해서라기보다는
세월과 더불어 농익어 가면서 조금씩, 아주 조금씩 전진할 겁니다.
이제까지 왔던 길을 한번 돌아보세요.
한 달에 서너 번의 라운드, 주 2회 이상의 연습장, 매일매일의 빈 스윙,
주 1회 이상의 스크린골프, 강의도 들어야지, 책도 읽어야지….
얼마나 많은 시간과 노력을 들이셨어요.
그 노력의 지속이 지금의 경지까지 오게 해 준 겁니다.

그것은 그만한 노력을 꾸준히 지속하지 않으면
유지될 수 없는 경지라는 뜻도 함축하고 있습니다.
'한때 싱글', '추억의 싱글'들 많습니다.
당신이 그리되지 않기를 바랄 뿐입니다.

지금보다 더 높은 경지는 '골프를 업'으로 하지 않는 한 쉽지 않을 겁니다.
90타에서 5타를 줄이는 데 10의 노력이 들었다면,
79타에서 77타로 가는 노력은 20이 아니라 30, 50의 노력이 들지 않겠습니까.

그것은 욕심으로 갈 수 있는 경지가 아니라
'평생의 과제'라는 뜻입니다.

GATE 69 :마스터 튜터 라이프

빈 스윙 매주 1천 번 / 월 5천 번 / 연 5만 번

첫째 주

☐ 파3에서의 튜터링 활동 / 한국 10대 골프장 순례(7)

둘째 주

☐ 야간 9홀에서의 튜터링 활동

셋째 주

☐ 진천 캠퍼스에서의 튜터링 활동

넷째 주 : Master-TUTOR 월례회 참석 / 74타 도전

☐ 빈 스윙 29.5만 번 완료

°인생의 황금기

당신 자신에게 싱글 기념 휴가를 주셔야죠.
꼭 혼자 가야 한다는 뜻은 아닙니다. 부부 동반이 좋겠습니다.
취미이지만 싱글에 이르렀다는 것은
단순한 취미로만 이룰 수 있는 경지는 아닙니다.
나 혼자의 힘으로만 이루어진 것도 아닙니다.
주변 사람들이 무던히도 인내한 결과입니다.
이번만큼은 부부가 함께 골프에 푹 빠져서 한가로이 자축하는 시간을 보내세요.
그렇지만 이 휴가가 그저 즐기는 시간만이 아닙니다.
숙제 하나는 하셔야죠.
생체 2급을 취득한 이상
앞으로의 골프를, 앞으로의 인생을
어떻게 꾸려갈 것인가를 좀 진지하게 고민해 보자는 숙제입니다.

20세까지는 자신의 인생이 아닙니다.
부모에 의한 삶이죠.
그 후 30년은 아이들도 키우고 대학도 보내고….
그것도 내 삶이라 이야기하기 어렵습니다.
가족을 중심에 둔 시간이었습니다.

이제 내 삶이 처음으로 시작되는 겁니다.

아이들이 20세가 넘으면
육신의 탯줄을 끊듯
마음의 줄, 생활의 줄도 끊어 주어야 합니다.
경제도 생활도 스스로 하도록
따로 독립시켜야 한다는 거죠.
미국이나 유럽에서는 다들 그게 상식입니다.
우리는 너무 오래도록 아이들을 품고 있으려 해요.

남은 삶은
온전히 자신과 세상과의 관계만으로 파악하고 살아야 합니다.
그렇게 보면 당신은 진짜 내 인생의 첫걸음을 떼는 것이고
이제 비로소 '인생의 진정한 황금기'를 맞이하고 있는 겁니다.

어떤 삶을 살아갈 것입니까?

GATE 70 :마스터 튜터 라이프

빈 스윙 매주 1천 번 / 월 5천 번 / 연 5만 번

첫째 주

☐ 파3에서의 튜터링 활동 / 한국 10대 골프장 순례(8)

둘째 주

☐ 야간 9홀에서의 튜터링 활동

셋째 주

☐ 진천 캠퍼스에서의 튜터링 활동

넷째 주 : Master-TUTOR 월례회 참석 / 73타 도전

☐ 빈 스윙 30만 번 완료

°사진, 골프의 다른 이야기

당신은 골프를 시작한 이래,
어떤 인생 샷(사진)을 가지고 계시나요?

더 늦기 전에 인생 사진을 몇 컷 마련해 놓으세요.
여럿이 우르르 찍은 표정도 느낌도 없는 사진 말고,
정말 잘 찍은 사진으로 말이죠.
요즘은 핸드폰의 기능이 워낙 발달해서
그것만으로도 충분히 훌륭한 사진을 얻을 수 있잖아요.
그런데 절묘한 순간이라는 것은
준비하고 있는 자에게만 선물처럼 찾아옵니다.
게다가 그런 순간을 포착하려 애쓰는 사람에게만 보입니다.
평범한 눈으로 보면 세상의 모든 풍경은 어제의 그것일 뿐입니다.
사진을 건졌다, 낚았다고 표현하는 것도 그런 이유겠죠.
그렇게 사진을 낚으셨다면(?)
그냥 핸드폰 안에 넣고 있으면 안 됩니다.
가만히 묵히고 있으면 결국은 썩어요.
사진은 편집의 예술이라고 하는데
간단한 편집 툴을 이용해서 다듬어 보기도 하세요.
그리고 그것을 인스타그램 같은 SNS에 공유하세요.

본인이 하든 전문가의 도움을 받든
사진으로 출력하고 액자로 만들어서
벽 하나를 장식하는 것도 좋은 방안입니다.

공유하고 나누는 것이 목표가 되면 더 정성을 기울기에 되면
사진은 골프의 또 다른 세계를 펼쳐 줍니다.

GATE 71 :마스터 튜터 라이프

빈 스윙 매주 1천 번 / 월 5천 번 / 연 5만 번

첫째 주

☐ 파3에서의 튜터링 활동 / 한국 10대 골프장 순례(9)

둘째 주

☐ 야간 9홀에서의 튜터링 활동

셋째 주

☐ 진천 캠퍼스에서의 튜터링 활동

넷째 주

☐ Master-TUTOR 월례회 참석 / 73타 도전

° 골프의 지평을 넓혀라

골프와 지낸 세월이 길어지고 골프 실력이 향상될수록 골프에 들이는 시간이 많아집니다.
한 사람이 가진 시간의 총량은 일정하기에 골프와 함께하는 시간이 늘어날수록
다른 일에 쓸 시간이 줄어든다는 뜻입니다.

과연 그렇게 해야 할 만큼 골프는 내 삶에 중요한 의미일까요?
자칫 잘못하면 아주 개인적인 취미 활동에 몰입하느라
보다 중요한 삶의 가치들과 의미 있는 관계들에 소홀하기 쉽습니다.

이때, 골프에의 몰입을 줄이는 방법이 있을 수 있고,
골프의 의미를 확장하는 방안이 있을 수 있습니다.
저는 그 어느 쪽도 괜찮은 선택이라 생각하지만
골프를 더 잘하고 싶다면 더 많은 시간을 들이면서
골프에 또 다른 의미를 부여하는 쪽을 권하는 편입니다. 제가 그랬으니까요.

명상과 골프의 결합도 좋고요, 사진과 골프, 그림과 골프, 글쓰기와 골프, 인문학과 골프,
역사와 골프, 요가와 골프… 이루 나열하기 어려울 정도의 조합이 가능합니다.
1대1의 결합만 해도 만만치 않은 경우의 수가 있는데 3~4가지를 결합하면
더 풍성한 조합들이 만들어지겠지요.
심지어 마라톤과 골프를 결합해서 즐기는 분도 봤습니다.

골프가 지극히 사적인 활동이니 결합하는 다른 것은
좀 더 공유적이고, 공헌적인 나눔을 전제로 하면 좋겠다는 생각입니다.
그렇게 보면 골프가 또 다르게 보입니다. 골프 성장의 또 다른 계기가 될 터이고
그렇게 변한 나의 골프를 바라보는 타인의 시선도 달라집니다.

GATE 72 :도전 필드 골프 72타!

빈 스윙 매주 1천 번 / 월 5천 번 / 연 5만 번

첫째 주: 파3에서의 튜터링 활동 / 한국 10대 골프장 순례(10)

☐ 명문 코스 탐방의 마무리를 제주에서 하고 3박 4일 자축 휴가를 준다.

☐ '꿈 너머의 꿈' 강의를 듣고 자신의 꿈 너머를 생각해 본다.

둘째 주

☐ 야간 9홀에서의 튜터링 활동

셋째 주

☐ 진천 캠퍼스에서의 튜터링 활동

넷째 주

☐ Master-TUTOR 월례회 참석 / 72타 도전

▶ 행복골프 콘텐츠 QR 링크

꿈 너머의 꿈

˚ 꿈꾸는 자의 꿈

당신은 평생에 걸쳐 세계의 명문 코스들을 전부 돌게 될지 모릅니다.

골프를 업으로 삼은 우리는 그래야 합니다. 우선, 첫 3곳을 정하고 버킷 리스트에 슬쩍
담으세요.
많은 사람이 명문이라고 이야기하는 것에는 이유가 있을 겁니다. 엄청난 골프 이야기,
무지막지한 전설들을 안고 있을 겁니다. 그 이야기에 귀를 기울일 때가 되었습니다.
아마 당신은 혼자가 아니라 제자들과 함께 전 세계의 명문 코스를 라운드하게 되겠죠.
그러니 그냥 골프장만 보지 말고 그 골프장이 있는 시공간에 대한 인문학적인 이해의 폭을
넓혀 놓으세요. 제자들과 나눌 풍성한 이야기가 될 것입니다.
꿈은 그 꿈을 꾸는 자의 것입니다. 혼자 꾸면 그저 꿈, 여럿이 꾸면 현실.

당신은 이제 행복골프훈련소의 스승으로 살게 될지도 모릅니다.

건물의 3층에서 보는 세상과 30층에서 보는 세상은 다릅니다.
30층이 좋고 3층이 나쁘다는 이야기가 아닙니다.
다른 경치가 보인다는 거죠.
연극을 관람석에서 보는 것과 무대 뒤편에서 보는 것은 다릅니다.
마찬가지로 그 어느 쪽이 더 가치 있는 것도 아닙니다.
하지만 연극을 양쪽 모두에서 본 경험이 있는 사람은 그 어느 쪽에서 보더라도
어느 한쪽에서만 본 사람보다는 더 풍성하게 연극을 이야기할 수 있을 건 틀림없습니다.
인생의 2막, 황금기의 시작입니다.
골프가 삶의 한 부분이었던 시점에서 골프가 삶이고 삶이 골프가 되는 시점으로 이동하신
겁니다.
선생 똥은 개도 먹지 않는다는 만큼의 속앓이가 있을 겁니다. 하지만 아픔 없기를 바라지 말라
는 부처님의 이야기에 빗대어 보면 그 아픔도 살아 있음을 절절히 느끼게 해줄 고마움입니다.
행복골프훈련소의 선생은 골프의 초심자들, 대개는 젊은 사람들을 돕고, 함께 어울리고,
칭찬하고 격려하는 일입니다. 인생살이 실의와 좌절에 빠진 그들을, 마치 골프를 이야기하는
듯 빗대어 슬그머니 도울 수 있습니다.

건강이 허락하는 한 계속할 이 일은
그 어떤 보험보다도 당신의 건강을 지켜줄 것이고
당신의 정신을 녹슬지 않게 도울 겁니다.
진정 축하합니다.
훈련소나 학교에서 몇 개월 혹은 몇 년을 일하다 보면
자신만의 훈련소를 차릴 자신감도 생길 겁니다.

수고하셨습니다.

골프 로드 72
골프교본

초판 1쇄 인쇄 2019년 3월 24일
개정판 1쇄 발행 2022년 9월 27일
개정판 2쇄 발행 2023년 8월 21일

지은이 김헌
펴낸이 김선식

경영총괄 김은영
콘텐츠사업2본부장 박현미
콘텐츠사업7팀장 김민정 **콘텐츠사업7팀** 김단비, 권예경, 이한결
편집관리팀 조세현, 백설희 **저작권팀** 한승빈, 이슬, 윤제희
마케팅본부장 권장규 **마케팅1팀** 최혜령, 오서영
미디어홍보본부장 정명찬 **영상디자인파트** 송현석, 박장미, 김은지, 이소영
브랜드관리팀 안지혜, 오수미, 문윤정, 이예주 **지식교양팀** 이수인, 염아라, 김혜원, 석찬미, 백지은
크리에이티브팀 임유나, 박지수, 변승주, 김화정, 장세진 **뉴미디어팀** 김민정, 이지은, 홍수경, 서가을
재무관리팀 하미선, 윤이경, 김재경, 이보람
인사총무팀 강미숙, 김혜진, 지석배, 박예찬, 황종원
제작관리팀 이소현, 최완규, 이지우, 김소영, 김진경, 양지환
물류관리팀 김형기, 김선진, 한유현, 전태환, 전태연, 양문현, 최창우
외부스태프 편집 퍼블루션 디자인 날마다 작업실

펴낸곳 다산북스 2005년 12월 23일 제313-2005-00277호
주소 경기도 파주시 회동길 490 다산북스 파주사옥
전화 02-704-1724 **팩스** 02-703-2219 **이메일** dasanbooks@dasanbooks.com
홈페이지 www.dasanbooks.com **블로그** blog.naver.com/dasan_books
용지 아이피피(IPP) **인쇄** 한영문화사 **코팅 · 후가공** 평창피앤지

ISBN 979-11-306-9394-1 (04690)
(세트) 979-11-306-8094-1 (04690)